COLLECTION FOLIO

Annie Ernaux

Le vrai lieu

Entretiens
avec Michelle Porte

Gallimard

© *Éditions Gallimard, 2014.*

Annie Ernaux est née à Lillebonne et elle a passé toute sa jeunesse à Yvetot, en Normandie. Agrégée de lettres modernes, elle a enseigné à Annecy, à Pontoise et au Centre national d'enseignement à distance. Elle vit dans le Val-d'Oise, à Cergy. En 2017, Annie Ernaux a reçu le prix Marguerite Yourcenar pour l'ensemble de son œuvre.

AVANT-PROPOS

En 2008, Michelle Porte, que je connaissais comme la réalisatrice de très beaux documentaires sur Virginia Woolf et Marguerite Duras, m'a exprimé son désir de me filmer dans les lieux de ma jeunesse, Yvetot, Rouen, et dans celui d'aujourd'hui, Cergy. J'évoquerais ma vie, l'écriture, le lien entre les deux. J'ai aimé et accepté immédiatement son projet, convaincue que le lieu — géographique, social — où l'on naît et celui où l'on vit offrent sur les textes écrits, non pas une explication, mais l'arrière-fond de la réalité où, plus ou moins, ils sont ancrés. Des difficultés de financement — chose banale — ont retardé longtemps la réalisation du documentaire. Enfin, produit par Marie Genin, il a été achevé en 2013, et diffusé la même année par France 3[1].

---

1. *Les mots comme des pierres, Annie Ernaux écrivain*, Folamour Productions.

C'est en janvier 2011, dans ma maison, à Cergy, que le tournage des entretiens avec Michelle Porte a commencé. Il a duré trois jours. Au début, je me tiens debout dans la salle qui donne sur l'Oise et les étangs de la base de loisirs, au loin les tours de La Défense. Ensuite et, me semble-t-il, jusqu'à la fin, l'entretien a lieu dans mon bureau, situé à l'arrière, au nord, avec une vue sur le jardin masquée en partie par les troncs d'une rangée de hauts sapins. Dans cette petite pièce où j'ai l'habitude d'écrire, seule, je suis assise — mais cette fois le dos tourné à ma table de travail — face à Michelle, assise, et à Caroline Champetier qui dirige la caméra. Sur le côté, le preneur de son qui incline la perche au-dessus de moi.

Pourquoi le cacher, au début, ce face-à-face rapproché dans un espace restreint, sous l'œil sans regard de la caméra, m'a paru d'une violence inexplicable. Une sorte de huis clos où je serais mise en demeure de parler et ne sachant pas ce que je pourrais dire. Ici, en me remémorant ce moment, deux images font irruption. Celle des épreuves du Capes, décrites au début de *La place*, où je me tiens devant un jury de trois personnes, et cette autre, qui vient pour la première fois crever comme une bulle à la surface de la mémoire : une salle mal éclairée, un grand objet noir, brillant, muet, et au-dessous, ce *moi* de 15 à 20 mois, dont le corps enfermé dans le plâtre à cause d'une luxation congénitale m'est impossible à mémoriser, juste une tache de conscience sur une table. L'objet noir est un appareil de radiographie. (Qu'on ne se méprenne pas : je n'accorde à ces images resurgies d'autre valeur que de comparaison, nullement d'explication.)

Assez vite cependant, sollicitée par les questions très ouvertes de Michelle, j'ai surmonté mon mal-être initial. J'ai parlé longuement. Non sans hésitations, sans reprises de mots et d'expressions, tous les signes d'une incertitude, d'une insécurité de langage, dont témoignait la première transcription des entretiens, trouée d'innombrables points de suspension, et qu'il m'a fallu « nettoyer » pour en rendre ici la lecture possible sans effort. Car je n'ai jamais cessé de ressentir la pression, psychologique, intellectuelle, exercée par la caméra qui tourne, la sorte d'urgence qu'elle impose de répondre sans prendre le temps intérieur nécessaire à l'analyse des choses et à leur formulation orale la plus juste.

Les propos qu'on va lire portent donc la marque de la *spontanéité* à laquelle j'étais contrainte et qui s'est avérée, quoique de façon différente et plus légère, une forme de mise en danger semblable à celle que j'attends plus ou moins de l'écriture — et aussi, bien que différemment, de la lecture. En effet, c'est une autre vérité que celle des textes publiés, voire d'un entretien écrit, qui émerge de la parole filmée. Une vérité qui jaillit de façon brutale, affective, dans des images, « ma mère, c'est le feu ! », des raccourcis, « Paris, je n'y entrerai jamais ! » ou « je ne suis pas une femme qui écrit, je suis quelqu'un qui écrit », comme des cris du cœur et de l'inconscient. Mais, le plus souvent, cette vérité progresse lentement, par des détours, des rectifications et des ajustements, se cherche entre le déjà-dit, déjà-écrit et un discours neuf, semble toujours se dérober.

Surtout quand il s'agit de l'écriture, fil rouge de l'entretien d'un bout à l'autre. Je ne crois pas avoir jamais *autant dit* sur la naissance de mon désir d'écrire, la gestation de mes livres, les significations, sociales, politiques, mythiques, que j'attribue à l'écriture. Jamais *autant tourné* autour de la place réelle et imaginaire de l'écriture dans ma vie. Pour, ultimement — et peut-être en écho à la phrase de mes parents me décrivant à 12 ans « elle est toujours dans les livres » — en venir à ceci, qu'elle, l'écriture, est « mon vrai lieu ». De tous les lieux occupés, le seul immatériel, assignable nulle part, mais qui, j'en suis certaine, les contient tous d'une façon ou d'une autre.

Paris, je n'y entrerai jamais

— *Annie Ernaux, c'est ici, dans cette maison, à Cergy, que vous avez écrit tous vos livres ?*
— Oui, tous sauf les deux premiers, écrits en Haute-Savoie, où j'habitais. Je ne peux pas écrire en dehors de cette maison, jamais, ni dans une chambre d'hôtel, ni dans n'importe quelle autre résidence. C'est comme si seule cette maison, en m'entourant, permettait ma descente dans la mémoire, mon immersion dans l'écriture.

J'y suis arrivée en 1977, avec mon mari qui venait d'avoir un poste dans l'administration de ce qu'on nommait alors « la Ville nouvelle de Cergy-Pontoise ». Le hasard, donc, et pourtant en voyant la maison pour la première fois, j'ai eu l'impression qu'elle m'attendait, que je l'avais vue dans je ne sais quel rêve… J'y suis restée après la séparation d'avec mon mari au début des années 1980 et j'y vis depuis trente-quatre ans. Je ne m'imagine pas habiter ailleurs.

Par-dessus tout, ce que j'aime dans cette maison, c'est l'espace. L'espace intérieur, et encore plus, l'espace extérieur, cette grande vue sur la vallée de l'Oise et les étangs de Cergy-Neuville. La vue change tout le temps, la lumière n'est jamais la même sur les étangs. La lumière qui va jusqu'à Paris puisque d'ici on distingue la tour Eiffel. Le soir je la vois illuminée. À la fois proche et loin. Je crois que ça correspond bien à ce que je ressens vis-à-vis de Paris, peut-être même par rapport à ma place dans le monde. Paris au fond — ça peut paraître curieux de dire ça — je n'y entrerai jamais...

Pourtant le rêve de mon enfance, de mon adolescence, c'était d'aller à Paris. Figurez-vous que je n'y suis allée pour la première fois qu'à 20 ans ! Alors que nous habitions la Normandie, à quoi ? cent, cent cinquante kilomètres de Paris ! On ne voyageait jamais, mes parents ne prenaient jamais de vacances. Paris, le grand rêve, dont je suis aujourd'hui à trente kilomètres à vol d'oiseau mais toujours en dehors. Et je n'ai plus envie d'y entrer. C'est comme si j'avais trouvé ma place dans cette Ville nouvelle de Cergy, la place où je me sens bien. En arrivant, je n'imaginais pas y rester autant de temps — je crois même que ça me paraissait impensable, ça ne figurait pas dans mon avenir ni dans celui de mes enfants... Et il y a eu cette maison, ma coque, en somme. Quand j'en suis loin, en voyage, je pense quelquefois à elle, vide, un peu abandonnée, mais solide.

Le silence de cette maison, autour, pas de bruit d'autoroute, rien que les oiseaux la plupart du temps. Je crois que c'est de ça, la couleur du silence ici, que j'ai absolument besoin pour écrire. Et de la beauté que cela représente de vivre dedans.

Je suis restée une fille de la terre par mes parents, une fille de la province aussi, avec les jardinets autour des maisons. Ce plaisir qu'il y a à sentir le passage des saisons, à voir les premières perce-neige, la première jonquille... Quand je suis entrée dans cette maison, j'ai eu l'impression de retrouver quelque chose de très enfoui, une proximité ancienne avec la terre. Il y avait un carré de fraisiers, de très vieux groseilliers, une bordure de corbeilles-d'argent, comme chez mes parents. Ce sont des choses douces et qui bouleversent. Je n'ai pas vu les années passer ici. Une grande partie de ma mémoire, de ma mémoire de femme, est ici.

Au début, la maison était animée, avec mes deux fils encore enfants, puis adolescents. Leurs copains venaient, il y avait de la musique, des jeux de rôle. Ma mère séjournait souvent avec nous. Petit à petit, tout a changé ici, autour de moi. Je me suis séparée de mon mari, ma mère a été atteinte de la maladie d'Alzheimer et hospitalisée à Pontoise.

Les enfants sont partis faire leurs études à Paris, habiter avec leurs compagnes. Des hommes que j'aimais sont venus ici partager des moments, plus ou moins longtemps. Parfois des années. Sous le cèdre bleu sont enterrés la chienne beagle et le chat qui étaient entrés avec nous ici, la chatte noire et blanche venue après, qui a vécu seize ans. J'ai besoin d'animaux, ça fait partie de mon amour de la terre, mais je les veux libres de courir où ils ont envie. Ici c'est un lieu rêvé pour les chats, un lieu où il est possible de vivre avec des chats heureux. Actuellement, j'en ai deux, qui vivent leur vie à leur guise, leur vie secrète.

C'est difficile de parler d'une maison. On sait ce qu'elle représente quand on l'a perdue, quand on ne peut plus y entrer parce qu'elle n'est plus la vôtre. J'ai toujours ressenti cette souffrance par rapport aux maisons que j'ai habitées, de les revoir et de ne plus pouvoir y entrer. Et la mélancolie de me dire : ce n'est pas la peine d'y entrer puisque tout y sera changé, que j'en voudrai aux nouveaux occupants... Chaque fois que je suis retournée là où j'ai vécu, j'ai pensé que c'était une erreur. Il faut se contenter de la mémoire, c'est là où sont réellement les choses, nulle part ailleurs. Je crois que tout le monde sent ça. Il y a une forme de désespoir particulier à revoir une maison où on a vécu et à ne plus voir qu'une carcasse, finalement... Mais la souffrance ne vient pas de la perte des murs, même si ça en fait partie, elle vient de la perte de ce qui a eu lieu là, de ce qui y a été vécu, de ce qu'on a aimé, des gens qui ont été là.

Au milieu des années 1970, Cergy était en construction, des immeubles s'édifiaient partout, c'était un chantier géant truffé de grues qui me rappelait l'après-guerre en Normandie, la ville d'Yvetot, où j'ai passé toute ma jeunesse et dont le centre avait été détruit. Sous cette ville qui se bâtissait, c'était comme s'il y avait une autre ville, l'Yvetot dévasté de 1945, les deux glissaient l'une sur l'autre. Lorsque j'étais en voiture dans Cergy, j'avais l'impression de voyager dans ma ville de jeunesse. C'était une sensation désorientante. Enfant, j'ai été très marquée par les ruines de la guerre, par ce paysage informe avec ce qu'il véhiculait d'idée de mort, de possibilité de mourir sous les bombardements. Et là, au contraire, je devais me dire que cette ville en train de s'édifier était la vie, l'avenir. C'était troublant.

Bien sûr, il était difficile, aussi, d'être toujours au milieu d'un immense chantier, de voir des constructions partout, une ligne de RER en train de se creuser en fendant les champs, mais tout cela avait de la beauté.

Cergy, dès sa construction, a été une ville de brassage, soixante nationalités différentes, Français venus de toutes les provinces. Je trouvais cela prodigieux, une ville pareille, à quarante kilomètres de Paris, cette possibilité d'être ensemble entre gens arrivant de partout. Une ville où il n'y a pas, comme à Rouen, Bordeaux, Annecy — les villes où j'ai vécu — un « cœur bourgeois », inscrit dans les murs, dans les rues, cette puissance ancienne d'un ordre social, de l'argent, manifestée dans les bâtiments.

Je me suis demandé, qu'est-ce que ça veut dire d'être là, à Cergy, et je me suis mise à écrire sur tout ce que je voyais et qu'il me paraissait important de dire, sur les gens que je rencontrais dans le RER, avec qui je me trouvais dans les grandes surfaces, Leclerc, Super-M, ensuite Auchan. Je n'avais pas une ambition d'ethnologue, pas du tout, simplement le désir de saisir en vivant, au jour le jour, des images que j'avais envie de garder. Un homme à la caisse de Franprix, des enfants sur une petite place à l'intérieur d'un quartier. Je crois que c'était aussi une façon de m'approprier le territoire, d'être plus proche d'une population à la fois extrêmement diverse et très éparpillée sur de grands espaces. Ici, il n'y a pas de rues traditionnelles, on se croise essentiellement dans les centres commerciaux, dans les gares. Écrire sur Cergy[1], c'était une façon... oui... de dire que j'allais rester ici.

Il faut toujours que je me justifie de ne pas habiter Paris, d'habiter à Cergy. Je dois lutter contre l'imaginaire des Parisiens et encore plus

1. *Journal du dehors* et *La vie extérieure*.

celui des provinciaux, tout de suite l'image des «cités»! Il n'y a pas de cités à Cergy. J'entends dire aussi que c'est un non-lieu, pas du tout, c'est un lieu qui a déjà une histoire, et qui s'accroît des histoires des gens.

Simplement, tout passe ici plus vite qu'ailleurs, les magasins, les enseignes changent à une vitesse incroyable et déjà un quartier construit il y a trente-cinq ans, La Croix-Petit, a été démoli, reconstruit, la gare de Cergy-Préfecture a été transformée. C'est une ville en perpétuelle évolution, jamais définitive. À cause de ces changements rapides, il me semble que je suis davantage encline à noter ce qui va disparaître, ces visages, ces instants. Parce que, au fond, tant que je n'ai pas écrit sur quelque chose, ça n'existe pas.

J'ai toujours été entre deux

Mon enfance, ma jeunesse se sont passées à Yvetot. De 5 ans à 18 ans et même au-delà, puisque j'étais étudiante à Rouen et que je revenais chez mes parents le week-end, aux vacances. J'en suis partie à presque 24 ans, en me mariant. Le café-épicerie de mes parents était situé dans un quartier décentré, à mi-chemin entre la ville et la campagne. Il y avait encore une ferme à cinquante mètres. Le commerce occupait pratiquement toutes les pièces, nous n'avions à nous qu'une petite cuisine entre le café et l'épicerie, une grande chambre en haut, une petite à côté, et un grenier avec une mansarde. De plain-pied avec le café se trouvait la cave, un cellier en réalité. La cour, par laquelle on entrait dans le café, était remplie de bâtiments divers, qu'on appelle des «loges» au pays de Caux, un poulailler, ça aurait pu être un café-épicerie de campagne... On disait «aller en ville, monter en ville» pour presque tout. Il y avait donc la ville et notre quartier, le quartier du Clos-des-Parts. Il n'y avait aucune intimité là où j'habitais avec mes parents. On vivait au milieu des gens et sous le regard des gens.

À Lillebonne, dans le commerce précédent, là où je suis née et où j'ai vécu jusqu'à 5 ans, il y avait un peu plus d'intimité d'après mon souvenir de toute petite fille. Par exemple, la cuisine était bien séparée de l'épicerie et du café. Pas à Yvetot, où c'était une espèce de lieu de passage, la porte de communication avec le café avait été carrément enlevée. Les clients nous voyaient manger, me voyaient faire mes devoirs. C'était une vie publique ! Vers 14, 15 ans, on ne supporte pas d'être regardé, je me réfugiais dans ma chambre à l'étage, j'avais vraiment besoin de solitude. Je faisais le rêve impossible de ne plus être sous le regard des gens, d'être dans une grande maison silencieuse. Quand je rentrais après la classe, je devais obligatoirement entrer soit par l'épicerie soit par le café et, bien sûr, dire bonjour. C'était devenu un supplice, je n'avais plus envie de dire bonjour, je le faisais rapidement, à mi-voix, ce qui était très mal perçu par les clients, par mes parents qui me le reprochaient.

Oui, c'était le début de cette fracture entre le monde de mon enfance et un autre monde, que je ne connaissais absolument pas, pressentais seulement par l'intermédiaire de camarades de classe d'un milieu souvent plus bourgeois. Dans mon imaginaire, je me voyais vivre à l'hôtel, ou seule dans une grande maison, seule puisque je ne pouvais pas y emmener mes parents, rivés à leur commerce du matin au soir... Vivre aujourd'hui dans cette maison-ci, grande, isolée des regards, tournée vers l'Oise, les étangs, ça a quelque chose du rêve accompli, bien sûr. Mais c'est un rêve que je n'ai pas poursuivi spécialement, qui s'est accompli sans que je le veuille, par hasard. Il y a eu beaucoup de hasards dans ma vie. Peut-être favorisés parce que je suis déplacée socialement. Mais cette maison-là, elle n'est pas située dans n'importe quel lieu, elle est entre ville et campagne, à la lisière d'une ville qui n'a pas la même population, ni les mêmes déterminismes sociaux qu'une ville traditionnelle. En un sens, par sa situation, elle représente, «accomplit», la trajectoire d'une transfuge de classe. Et d'aspect extérieur, elle n'est pas belle, plutôt de «mauvais goût», avec sa façade qui ressemble à un gâteau à trois tranches : un rez-de-chaussée en meulière, un étage en crépi et un autre en brique, un toit trop plat. Une maison baroque, construite juste après la guerre, sans doute celle d'un parvenu. Moi aussi, d'une certaine façon, je le suis.

Quand je vais à Paris, il y a des quartiers, le VIe, le VIIe, où j'ai toujours l'impression de ne pas être admise, d'être là par effraction. Je m'y sens à la fois une provinciale et une habitante de la banlieue, et là, oui, j'ai un regard d'ethnologue sur les gens, leurs habits, leur manière de marcher dans la rue. Devant les vitrines de fringues des boutiques, vides, toujours vides, j'imagine que, d'un seul coup, les gens se disent « pourquoi c'est comme ça ? pourquoi l'argent est-il concentré dans ces lieux-là ? » et qu'ils se révoltent.

— Vous disiez d'Yvetot que c'est une ville où on ressentait beaucoup la différence de classe, il y avait les quartiers riches, les belles maisons et le quartier où vous habitiez…

— Dans une ville il y a toujours des séparations qui ne sont pas visibles à l'étranger qui arrive, mais inscrites subtilement dans le territoire et dans les têtes. La rue du café-épicerie de mes parents — la rue du Clos-des-Parts — comportait de belles maisons dans sa partie haute mais plus on descendait, plus on arrivait dans la partie ouvrière avec de petites maisons basses accolées, certaines très pauvres. Parallèlement, il y avait une belle rue large avec des trottoirs, la rue de la République, bordée de grandes villas du début du XXe siècle. Entre les deux, il y avait une toute petite rue qui passait derrière le commerce de mes parents, la rue de l'École — à cause d'une école privée maternelle qu'il y aurait eu avant la guerre de 14.

La différence entre la rue du Clos-des-Parts et la rue de la République était sociale, naturellement. La clientèle de mes parents — des ouvriers et des employés — venait de la rue du Clos-des-Parts. Les gens des villas ne venaient jamais sauf une ou deux personnes quand elles avaient oublié d'acheter en ville un paquet de sucre ou un litre d'huile.

Je crois que je n'aurais peut-être pas ressenti aussi violemment ces différences sociales si je n'étais pas allée dans une école privée sur le souhait de ma mère, parce que, disait-elle, celle-ci était plus proche de chez nous que l'école publique et que je n'aurais pas ainsi à me déplacer pour le catéchisme, le pensionnat Saint-Michel fournissant à la fois l'enseignement général et l'enseignement religieux. Il y avait tout sur place, si on peut dire. L'enseignement privé a pour finalité de séparer et, en l'occurrence, il me séparait de mes cousines et des filles du quartier qui allaient, elles, à l'école communale.

En réalité, cette séparation, cette « distinction » ont surtout été sensibles à partir de la 6e, où accédaient rarement les filles de cultivateurs, de petits commerçants et d'ouvriers qui fréquentaient le pensionnat Saint-Michel. Elles « allaient au certificat » et partaient travailler. Continuaient seulement les filles de privilégiés et quelques oiseaux rares comme moi, dont les parents faisaient des « sacrifices » pour leur faire poursuivre des études. Les différences sociales sont alors devenues très sensibles. D'autre part, la situation de mes parents, petits épiciers de quartier, était en perte de vitesse par rapport à celle des commerçants du centre-ville, qui se modernisaient rapidement. Mes parents n'avaient pas les moyens, eux, de moderniser leur boutique, fréquentée seulement par les gens à proximité qui avaient besoin, juste, de se nourrir.

Ils faisaient crédit à une partie de la population du quartier, qui vivait toujours en avance d'un mois. J'ai été avertie très, très tôt des différences sociales, en voyant ces familles nombreuses qui avaient faim, ces vieux qui regardaient avec envie les boîtes de conserve, mais n'avaient pas de sous pour en acheter, sauf du corned-beef. Côté débit de boissons, je prenais dans la figure tout un volet de la souffrance sociale qui frappait les hommes. Ils venaient au café parce que venir au café c'est être un peu heureux, oublier sa condition avec d'autres hommes... Bien sûr, ça entraîne un tas de malheurs, des enfants venaient chercher leur père, qui s'attardait à boire. On se dit « et si c'était moi ? si c'était moi qui devais venir chercher mon père au café ? ». Ce qui crée aussi un trouble, une déchirure, parce que le patron du café, celui qui sert à boire, c'était mon père... Sans doute, ce n'était pas un mauvais patron, quand un homme avait trop bu il lui disait « rentre chez toi, c'est fini, je te sers plus ». Mais tout de même, j'étais entre deux...

Je crois que j'ai toujours été entre deux et que ça a commencé tôt. L'arrivée sur terre, ce n'est pas abstrait, on arrive au milieu d'un ensemble de relations, avec des visages, des gestes, des paroles, les paroles du manque ou à l'inverse celles de l'aisance matérielle. Plus tard, j'ai eu conscience de l'empreinte de ce premier monde sur moi, de l'expérience précoce que j'ai eue de la pauvreté. De l'empreinte aussi de bonheurs, de plaisirs, considérés souvent comme vulgaires ou inférieurs, mais dont j'ai mesuré la force : les fêtes, les repas, les chansons. Des plaisirs évidemment très éloignés des plaisirs intellectuels mais constitutifs de moi-même.

J'ai longtemps séparé les plaisirs de la vie, des sens, et les plaisirs de l'esprit alors que, en réalité, ils ont toujours marché ensemble pour moi dès l'enfance. Dès que j'ai su lire, j'ai aimé lire d'une façon incroyable et puis, comme disaient mes parents, « apprendre », sans complément d'objet, comme une disposition générale, un appétit insatiable. Pourquoi cette séparation, c'est la grande question. Mais — et c'est le sujet de mon premier livre, *Les armoires vides* — l'acquisition du savoir intellectuel allait, va toujours, avec certaines façons de parler, de se comporter, certains goûts, une distinction d'ordre social. Cette accession au savoir s'accompagne d'une séparation. Au fond, je ne m'y résous pas, à cette séparation, c'est peut-être pour ça que j'écris. Je crois qu'elle est inscrite dans mon corps, cette séparation. Cette séparation du monde. Quand je dis dans mon corps, je veux dire des gestes que j'ai conservés par-delà mon acculturation, par-delà l'acquisition d'une « discrétion » corporelle. Ainsi je me suis rendu compte très tardivement, à 45 ans, de ma persistance à claquer les portes, à jeter les objets avec une forme de violence au lieu de les poser doucement. Évidemment, ça me vient de ma mère, cette forme de violence, de puissance corporelle non contrôlée.

Peut-être aussi une difficulté à faire attention aux choses délicates, précieuses, parce qu'on en avait peu. La «vaisselle du dimanche», fragile, était bien rangée, et celle des autres jours pouvait bien être ébréchée. Cet héritage du premier monde est inscrit aussi dans le langage. Il y a des mots de patois normand qui me viennent aux lèvres, je ne les prononce pas, mais ils sont là. Je ne pourrais plus parler le patois du pays de Caux, il n'est d'ailleurs presque plus en usage, sauf dans certaines expressions, mais je comprends n'importe quel mot immédiatement. Si je traduis à quelqu'un *mucre* par humide, *empouquée* par engoncée, j'ai l'impression de ne rien dire, il n'y a plus alors derrière les mots le poids de sensations, odeur, toucher, tout ce à quoi il renvoie. Les mots normands sont liés à tant de choses de mon enfance, l'environnement, les voix, le sourire maternel, qu'ils sont intraduisibles. Le langage d'origine fait corps avec nous, vraiment.

C'est par l'école et surtout les livres que j'ai acquis le français légitime, correct, le beau langage. J'écris avec ce langage-là, mais il me donne toujours un sentiment d'irréalité. Je voudrais qu'il y ait dans les mots de ce langage la même force, le même corps en somme, que dans le langage que j'ai abandonné. Celui de mon premier monde, du quartier. Je crois que c'est la raison pour laquelle je parle d'une «immersion» à propos d'écriture. Une immersion mais généralisée, au-delà de mon enfance, dans le réel. J'ai besoin, pour capter le réel, que les mots soient vraiment comme des choses, des objets. Tout se passe dans ma mémoire, une mémoire charnelle. Pas la mémoire des émissions de télévision qui vous disent en telle année il se passait ci et ça, cette mémoire apprise qui ne se distingue pas de l'Histoire, non, une mémoire entièrement sensible.

Je ne saurais dire si mon enfance et mon adolescence ont été heureuses ou malheureuses, je ne crois pas que ces mots signifient grand-chose. Il me semble que j'étais tirée par l'avenir, que celui-ci était immensément ouvert. Je crois que j'ai pensé très tôt que je ne resterais pas à Yvetot. Je rêvais de voyage, je rêvais de chaleur aussi... Le pays de Caux n'est pas très ensoleillé... c'est beaucoup de pluie... Yvetot, c'était la pluie, le vent... Je rêvais de partir, j'aurais aimé voyager avec mes parents mais dans les années 1950 seules les classes sociales aisées le pouvaient. Toutes mes vacances, jusqu'à 18 ans, je les ai passées à Yvetot. À lire, à «monter en ville» de temps en temps. À 15 ans, pour y rencontrer des garçons, entreprise risquée à cause de la surveillance parentale. Au fond, la solitude. La solitude dans ma chambre avec la lecture, pas grand-chose d'autre.

— *Vous dites dans l'un de vos livres que vous écriviez des lettres à une amie fictive.*

— Quand j'avais 7, 8 ans, je me suis mise à écrire des lettres à une fille purement imaginaire. Qui ne ressemblait pas du tout à une camarade de classe. Je ne me souviens pas de ce que j'écrivais à cette correspondante inventée. Je lui avais donné comme prénom Denise, une cousine beaucoup plus âgée que je n'avais jamais vue — elle est morte il y a deux ans sans que nous nous soyons rencontrées, d'ailleurs — mais ce n'est pas à elle que j'écrivais. Quand j'ai cherché un prénom pour la narratrice et héroïne de mon premier roman, c'est ce prénom-là qui m'est venu spontanément, Denise, Denise Lesur.

Maintenant, j'interprète autrement cette correspondante imaginaire. Mes parents ont eu une fille, née en 1932, qui aurait eu huit ans de plus que moi. Elle est décédée de la diphtérie à 6 ans. Ils m'ont toujours caché cette sœur, sa mort, jamais un mot. C'est un secret de famille mais, comme souvent, il a été éventé. Ou plutôt, je l'ai appris par ma mère, non pas directement mais d'une façon étrange, très simple aussi. Un dimanche, comme d'habitude l'épicerie était ouverte, ma mère est sortie de la boutique avec une cliente — qui avait une petite fille avec laquelle je jouais souvent, bien qu'elle n'ait que 4 ans — et elles se sont mises à parler dans la rue de l'École, derrière l'épicerie. Alors que, la petite fille et moi, on s'amusait à courir autour des deux mères, j'ai eu l'attention d'un seul coup figée. J'ai écouté intensément ce qui se disait. J'aimais écouter, surtout quand il s'agissait d'histoires lestes, des histoires de sexe qui se racontaient à voix basse. Là, ce que ma mère disait à voix basse, c'était qu'elle avait eu une fille avant moi et qu'elle était morte de la diphtérie. Elle a raconté comment, sans se soucier que j'étais là, ou l'ayant oublié, sans doute. Dans mon souvenir, j'ai 9 ou 10 ans. Elle a terminé le récit du décès de cette enfant, de ma sœur, par des choses qui ne pouvaient que me marquer très fortement. Elle a dit que ma sœur, avant de mourir, avait déclaré « je vais voir le bon Jésus et la Sainte Vierge ». C'était une chose terrible à entendre. Cette enfant était une sainte, une petite sainte. Si elle était une sainte, j'étais donc le démon. D'autant plus que ma mère a dit ensuite à cette femme, en parlant de ma sœur, « elle était plus gentille que celle-là ». Celle-là c'est moi. J'ai raconté tout cela dans mon dernier livre, *L'autre fille*.

J'ai très peu pensé à cette sœur dans ma vie, mais cet épisode est resté inoubliable. Quand j'écris à cette Denise fictive, est-ce que je ne pressens pas déjà tout ce secret autour de moi ? Est-ce à cette sœur innommée que j'écris en lui prêtant le prénom d'une cousine inconnue ? Mes parents ont emporté leur secret dans la tombe.

Au cours de sa maladie d'Alzheimer, ma mère dira devant moi au médecin : « J'ai eu deux filles. » Ce n'est pas à moi qu'elle le dit, c'est au médecin. Je ne lui ai jamais posé aucune question. Est-ce qu'il y a de ça dans mon écriture ? Peut-être. Il y a tellement de choses dans l'écriture. Ce n'est pas intéressant de chercher d'où vient l'écriture, je ne crois pas. Ce qui est intéressant, c'est ce qu'on écrit. C'est devant soi, l'écriture, toujours devant soi. Je ne parle pas avec facilité des livres que j'ai écrits parce que je pense toujours à ceux qui sont devant moi.

Ma mère, c'est le feu

— *Annie Ernaux, est-ce que vous pourriez nous parler du couple que formaient vos parents, un couple assez atypique ?*
— Mes parents n'entraient pas du tout dans le modèle traditionnel, ils en étaient l'exact inverse, mon père possédait les qualités prétendument féminines et ma mère les viriles. C'est ainsi que, très tôt d'ailleurs, j'ai ressenti leur couple. Mon père était doux, il adorait jouer avec moi, ce que ma mère détestait. Il était très gai, il aimait les enfants d'une manière générale. Il a tenu un rôle de papa poule toute mon enfance. Lorsque j'étais malade, c'est lui qui me lisait des livres, les histoires de *Lisette*. C'était lui qui me conduisait à l'école sur la barre de son vélo, qui revenait me chercher aussi. Ma mère était une femme violente, très autoritaire... Ma mère, c'est la loi. C'est-à-dire que je dois me conduire d'après ce qu'elle dit, elle, et non pas d'après ce qu'il dit, lui.

Les rôles étaient finalement bien déterminés. C'est elle qui définissait ce qu'était la bonne conduite pour moi. Tous les deux, ils étaient l'eau et le feu. Elle, le feu dévorant. Elle était celle qui criait le plus fort. Ils formaient donc un couple comme j'en voyais peu autour de moi, même si, en milieu populaire, les femmes avaient plus d'autorité qu'en milieu bourgeois. Elles s'occupaient notamment de l'argent. C'était le cas à la maison, ma mère gérait seule la partie administrative du commerce. Ce modèle parental s'est avéré très inconfortable à partir du moment où j'ai été confrontée à d'autres modèles, les mères de mes amies bourgeoises, les femmes des journaux féminins. Ma mère n'avait rien à voir avec ce qu'on désigne par «féminité». Elle s'intéressait à une multitude de choses, se montrait ouverte au monde. Mais — ce que j'ai supporté de plus en plus mal — les lois religieuses gouvernaient sa vie.

Ma mère était sincèrement croyante, pratiquante à l'excès, avec l'ambiguïté que revêtait la pratique religieuse à cette époque-là, c'est-à-dire liée à un statut social. Une grande partie des femmes de son enfance, les ouvrières, avaient cessé d'aller à la messe. Pour elle, y aller faisait sûrement partie du standing auquel elle aspirait.

De ma mère, je ne peux pas parler de façon simple parce que, entre elle et moi, ça a toujours été violent, une lutte continuelle. Je me suis sans doute construite à la fois pour elle et contre elle. Pour elle parce qu'elle appréciait l'excellence de mes résultats scolaires, qu'elle voulait vraiment que je réalise quelque chose de bien dans ma vie. Bien sûr, elle n'employait pas ces mots-là, c'est le sens que je donne maintenant à sa volonté que j'aie un métier « pour ne pas dépendre d'un mari », comme elle le répétait. À cette époque c'était nouveau, voire impensable, pour la plupart des mères. Et des filles aussi.

Au quotidien, elle était très dure. Elle me corrigeait, ce qu'on appelait corriger, c'est-à-dire donner des gifles, accompagnées de grandes exclamations de colère. C'était une femme à scènes, à grandes scènes... vis-à-vis de moi, de mon père, mais aussi de tout ce qu'elle ressentait comme une autorité injuste, qui la faisait monter, disait-elle, « sur ses grands chevaux ». Et elle montait sur ses grands chevaux continuellement. Les scènes entre elle et mon père étaient pour moi les plus violentes, parce que je craignais toujours un drame. Il a failli avoir lieu l'été de mes 12 ans, un jour où mon père n'a plus supporté son autorité. Il l'a tirée par les... je ne sais pas exactement, je m'étais enfuie en haut, mais j'ai entendu les hurlements de ma mère, criant « ma fille, ma fille ! ». J'ai retrouvé ma mère à la cave, mon père la serrant, près du billot où était fichée une serpe à couper le bois. Ç'a été un énorme traumatisme. J'ai raconté très tardivement cet épisode parce que je l'avais enfoui comme un secret. Il y a plein de secrets dans une vie, l'écriture tourne autour, on y entre, ou jamais. Celui-là, j'ai attendu d'avoir 50 ans pour m'en délivrer parce que cette violence des parents, cette scène, était une honte, la honte.

Mais ce serait faux, injuste, de donner de ma mère une image de mégère. C'était une femme flamboyante, qui voulait être toujours belle, bien habillée pour sortir et — ce qui demeure le plus important pour moi — qui portait haut le savoir. Elle admirait les instituteurs habitant le quartier qui venaient se servir à l'épicerie. Elle aimait leur parler, rapporter leurs paroles. En revanche, elle manifestait une grande violence vis-à-vis des entrepreneurs, des héritiers par l'argent, de ceux qui *écrasaient les autres*. C'est une expression souvent entendue dans mon enfance. J'ai grandi dans cette échelle de valeurs qui place en premier le savoir et la connaissance. Très tôt elle m'a acheté un dictionnaire, le dictionnaire Larousse. Quand on ne connaissait pas le sens ou l'orthographe d'un mot, elle disait « on va regarder dans le dictionnaire ». C'était le grand recours et un geste naturel.

Mon père, lui, ne lisait que des journaux, *Paris-Normandie*, *France-Soir* quelquefois. Quand il était écolier, il avait eu comme livre de lecture *Le tour de la France par deux enfants*, un grand « lieu » de la mémoire française. C'était pour lui LE LIVRE et il avait cette phrase qui m'a toujours profondément marquée : « Ça nous plaisait, parce que ça nous paraissait réel. » L'habileté de ce livre — que j'ai eu moi aussi au cours moyen — c'était justement de faire paraître comme la réalité ce qui était une entreprise idéologique et fédératrice de la Troisième République. Que chacun reste à sa place, c'est l'un des messages accablants du livre. Mais en même temps c'est un livre très ancré dans la réalité des enfants des classes laborieuses de l'époque. J'ai toujours senti que mon père s'identifiait aux deux petits héros du *Tour de la France*, André et Julien. Que même il se voyait, avec son frère aîné Henri, en Julien et André s'échappant de la Lorraine, prise par les Allemands en 1870, et partant vers un grand voyage sur le territoire français.

C'est ma mère qui a été pour moi la grande initiatrice de la lecture, de la valeur de la lecture. Mais, très tôt, j'ai brûlé — le mot n'est pas trop fort — du désir de savoir lire. En arrivant à Yvetot en 1945, j'ai été malade durant plusieurs mois et une dame de la grande bourgeoisie provinciale — dont l'une de mes tantes maternelles, Suzanne, était la bonne et la dame de compagnie, une sorte de Françoise à la Proust — m'a apporté toutes sortes de livres d'enfant datant du XIXe siècle, avec de très belles images. Ne pas pouvoir *comprendre* à quoi elles référaient était une frustration immense. J'avais 5 ans et une seule envie, aller à l'école pour apprendre à lire.

Je me souviens d'être rentrée de ma première journée d'école terriblement humiliée. J'avais cru que la maîtresse m'apprendrait à lire le jour même, au lieu, elle m'avait fait faire des bâtons ! Je ruminais « mais qu'est-ce que je vais dire ? que je ne sais pas encore lire, que j'ai fait des bâtons ? ». Très vite, j'ai pu lire tous les livres de la vieille dame — *La fille aux pieds nus*, *Pedro le petit émigrant*, *Gaspard l'avisé*, ces titres me reviennent — ainsi que les journaux féminins que ma mère lisait — jusqu'à quatre par semaine, *Les Veillées des Chaumières*, *La Mode du Jour*, *Confidences*, *Le Petit Écho de la Mode* — et les livres qu'elle achetait pour elle — *Autant en emporte le vent* — et pour moi. La fameuse Bibliothèque verte, qui offrait des versions simplifiées des grands textes — c'est là-dedans que j'ai lu Dickens, Charlotte Brontë, *Jane Eyre* — à côté d'ouvrages davantage destinés aux enfants, d'Hector Malot, Daudet. J'ai eu longtemps toute latitude de lire — je me souviens d'avoir commencé *Le nœud de vipères* et *Journal d'un curé de campagne* vers 10 ans, puis renoncé, le sens m'en échappait. Malheureusement, ma mère ne savait pas ce qu'il *valait* mieux lire, elle n'avait aucune connaissance de la littérature dite légitime.

C'est à l'adolescence qu'elle a commencé de surveiller mes lectures, cachant *Une vie* de Maupassant, *Chéri* de Colette, m'abreuvant de *Brigitte*, la série bien-pensante de Berthe Bernage. À ce moment-là, elle s'est méfiée. Son côté puritain. Sa peur. La peur des femmes à cette époque-là que leur fille « tombe enceinte », ça voulait tout dire, c'est l'avenir qui tombait aussi. Il y avait trop d'exemples autour de nous de filles qui devaient se marier à 17 ans. Il me semble que ma mère a vécu dans cette hantise jusqu'à ce que je me marie. Là, elle a eu une autre peur, que j'aie « tiré le mauvais numéro » !

Le domaine de la lutte entre elle et moi, il s'est situé là, dans le sexuel. J'avais envie de plaire aux garçons et elle était redoutable pour détecter tout ce qui le signifiait. Je me trouvais dans la situation d'avoir une mère féministe avant la lettre, mais dont le féminisme s'arrêtait forcément à la liberté sexuelle, laquelle était impraticable avant l'autorisation de la contraception et la loi Veil. Donc elle se comportait en gardienne, gardienne de mon corps, mais aussi, pour le meilleur, en gardienne de mon avenir.

Même si j'ai ensuite profité de ma liberté, je crois avoir été marquée, plus que je ne l'ai pensé longtemps, par la défiance de ma mère vis-à-vis des hommes, de ce qu'on n'appelait pas encore la « domination masculine », et que, pour sa part, elle ne subissait nullement dans son couple, mais qu'elle percevait chez d'autres.

Elle s'occupait du linge, le lavage à la main, le repassage, rôle dévolu traditionnellement aux femmes, mais elle ne faisait pas la cuisine, elle n'aimait pas, ne savait pas, et en laissait le soin à mon père qui, lui, y trouvait du plaisir. Elle devait juger que c'était beaucoup de travail pour une disparition instantanée, détester cet aspect éphémère de la nourriture recommencée. Mais elle aimait énormément manger. Je crois qu'elle aimait tous les plaisirs de la vie.

C'est le feu, ma mère, c'est le feu. Je dis cela parce qu'elle donnait le sentiment de pouvoir se porter aux extrêmes. Mais ce n'est pas seulement une image, elle a brûlé mon journal intime, certainement brûlé, parce que c'était sa manière de détruire les choses en général, en les jetant dans le fourneau de la cuisinière ou la chaudière de la buanderie. Le journal intime que je tenais depuis l'âge de 16 ans. Je l'avais laissé dans la maison de mes parents en partant pour Bordeaux après mon mariage, plus exactement les cahiers écrits entre 16 et 22 ans, que j'avais d'ailleurs relus pendant les vacances de 1968, chez elle, à Yvetot, où ils étaient entreposés dans le grenier. Lorsqu'elle est venue vivre avec nous, mon mari, moi, mes enfants, à Annecy, en 1970, elle m'a rapporté tous mes livres et mes devoirs, mes bulletins scolaires, mais pas mon journal intime, sauf un cahier, le dernier, où était consignée la rencontre de l'homme que j'avais épousé. Il était clair pour moi qu'elle avait détruit les autres parce qu'elle les avait lus et ce qu'elle avait lu lui avait déplu. Dans le même mouvement, elle avait détruit les lettres de mes amies reçues pendant ces années-là. Elle l'a fait par amour, par amour pour moi. Je crois qu'on peut faire les pires horreurs par amour. De toute ma vie de fille entre 16 et 18 ans, de toute cette intimité-là qui lui avait été dévoilée, elle a dû penser « si quelqu'un tombe là-dessus, son mari! quelle honte pour ma fille! ». Elle ne voulait pas qu'on ait une mauvaise image de moi. Alors elle a brûlé. Notez que je ne lui ai pas demandé : « Pourquoi ne m'as-tu pas rapporté mes cahiers ? » Ce n'était pas la peine, tout était clair pour moi. Je savais bien qu'elle me répondrait « il valait mieux pas, avec ce qu'il y avait dedans ! ». En un sens, on se comprenait, elle et moi, sans rien dire. Nous n'en avons jamais parlé. Jamais.

Dans ce journal, pourtant, il n'y avait pas l'évocation de ce qui aurait été pour elle le plus terrible, la découverte que j'avais eu un avortement clandestin, chose banale sans doute mais qui était à ses yeux le comble de la déchéance morale et sociale. Je n'ai jamais bien démêlé, au fond — c'est banal — ce qu'il y avait de souci moral et de souci social dans le comportement de ma mère. Cela dit, elle apprendra cet avortement en lisant *Les armoires vides*, mon premier roman publié.

— *Et comment a-t-elle réagi à la sortie du livre ?*
— Elle avait un rapport à l'écriture, au livre plutôt — le mot « littérature », elle ne l'a jamais dit — qui était de pure admiration. De dévotion. Lorsque j'ai commencé d'écrire et que j'ai terminé un premier roman à 22 ans, je lui en ai parlé. Elle était bouleversée, heureuse comme tout, et elle a eu cette phrase étonnante : « Moi aussi

j'aurais aimé, si j'avais su... » Elle voulait dire si elle avait su écrire. Elle aimait tellement lire que, pour elle, le prolongement de la lecture c'était d'écrire soi-même. Elle a cependant ajouté aussitôt que je ne devais pas lâcher les études, qu'il me fallait un métier pour vivre. Bien entendu, *Les armoires vides*, ce n'était pas le livre qu'elle aurait souhaité que j'écrive ! Elle a lu entre les lignes, ou plutôt dans toutes les lignes, ce que j'avais gardé dans ma tête, même si la narratrice s'appelle Denise. Elle a eu la certitude — qu'elle n'avait jamais eue auparavant, malgré quelques doutes — que j'avais subi un avortement clandestin. Évidemment, elle a reconnu le café-épicerie. Mais après avoir lu le livre — en une nuit, je pense, il y eut ce soir-là de la lumière très tard sous la porte de sa chambre — elle n'a rien dit. Absolument rien. Je ne lui ai rien demandé non plus.

De sa part, c'était à mon sens la conduite la plus appropriée pour que nous continuions l'une et l'autre à vivre ensemble, proches, sans règlement de comptes. Une attitude pragmatique, qui ne l'obligeait pas à se fâcher avec moi. Toutes les deux, faire comme si c'était un pur roman. C'est ainsi d'ailleurs que je présenterai mon livre. Quand celui-ci paraît, elle vit à Annecy, très loin d'Yvetot. Il n'y a plus les regards des voisins, des clients qui lui auraient dit « je vous ai reconnue ! ». Donc, l'enjeu social est moindre. C'est ainsi que j'analyse aussi sa réaction. L'attitude des parents à l'égard des livres de leurs enfants dépend en partie de l'opinion qu'ils imaginent être celle de l'entourage.

Elle a toujours pris mon parti à fond lorsqu'il y avait une critique mitigée dans un journal, et elle était déçue si quelqu'un lui disait qu'il n'avait pas lu mes livres, y compris *Les armoires vides*. C'est comme si le prestige de la littérature l'emportait sur tout à ses yeux, ça, c'est assez extraordinaire, peut-être horrible aussi, je n'en sais rien. Mais voilà, c'est cette femme-là que j'ai eue comme mère. Peut-être que si... s'il n'y avait pas eu les dernières années où elle était atteinte d'un Alzheimer, il y a beaucoup de choses que je ne lui aurais pas pardonnées, ouvrir et lire les lettres que je recevais, par exemple, aller chercher mes brouillons de lettres dans la poubelle... Mais durant cette période, il y a eu une sorte de huis clos entre elle et moi. Enfant unique, j'ai eu à vivre son état comme une chose intime, partageable avec personne. Ma mère faisait une véritable osmose avec moi, c'était infiniment lourd. En même temps s'éclairait pour moi son rapport d'amour et de haine à mon égard, si bien qu'on était à égalité dans l'amour et dans la haine, je crois.

Alzheimer, c'est une maladie qui est très révélatrice de choses enfouies. Quand j'ai eu le prix Renaudot avec *La place*, elle a déclaré aux infirmières, qui me l'ont rapporté, «il ne faut pas le dire à son père, il a toujours été à ses pieds». Mon père était décédé depuis dix-neuf ans, mais sa jalousie demeurait intacte, et son sentiment qu'il m'admirait trop, m'aimait trop, mais que, heureusement, elle avait été là pour me «dresser»... «Dresser», c'est un terme violent, celui qui était courant dans sa bouche, un terme de l'éducation d'alors, du moins de celle que j'ai reçue. Mais je n'arrive pas à juger celle-ci, simplement j'ai voulu faire l'inverse avec mes fils.

— Je suis impressionnée par les silences dans votre famille, entre vous et vos parents. Silence à propos de l'enfant, de la fille qui était morte, silence quand elle détruit votre journal, c'est drôle comme vous choisissez comme solution de ne pas en parler...
— Ne pas en parler parce que la parole déclenche des drames. Il y avait beaucoup de violence verbale dans le reste de la famille, dans la fratrie de ma mère en particulier, et même des violences physiques. Ce que la parole déclenchait, c'était pire, d'énormes engueulades avec les tables renversées, qui alimentaient les récits des voisins. Le secret, c'est une forme de tranquillité. Je ne peux pas m'imaginer sans le secret sur ma sœur, ni sans les secrets entre ma mère et moi. C'est une façon d'exister. Dans des choses tues. Je sais que ce n'est plus considéré comme étant la bonne manière de vivre mais les révélations sont souvent très destructrices aussi. Je n'ai pas le souvenir d'une souffrance du secret, j'ai le souvenir de ce que les choses m'ont fait au moment où c'est arrivé, c'est différent. Je ne pou-

vais pas, je ne devais pas parler de ma sœur, c'est tout. Je ne le devais pas parce qu'ils n'en parlaient pas. Pareil après l'histoire de mes 12 ans, mon père qui entraîne ma mère dans la cave. Je ne devais pas, non seulement en parler aux autres, mais en parler à eux puisque c'était fini. « Bon, c'est fini, on n'en parle plus » est une phrase que j'ai souvent entendue. Si bien que les choses tombaient derrière moi sans que j'aie envie d'y revenir.

Le livre était un objet sacré

J'ai toujours vu ma mère lire. Elle en trouvait le temps dans une journée pourtant bien remplie. Un livre, un journal, qu'elle cachait sous un torchon ou du linge à repasser quand elle était interrompue par la sonnette de la boutique. Peut-être par peur de paraître oisive. Le soir elle lisait un peu au lit mais mon père maugréait, à cause de la lumière. Son appétit de lecture était très éclectique, surtout parce qu'elle ne connaissait pas les différentes valeurs des ouvrages. Elle ne savait pas en parler non plus. Elle aimait ou elle n'aimait pas, point. Elle m'a offert *Les raisins de la colère* de Steinbeck, à 16 ans, un livre qu'elle avait lu avant guerre, sans me dire pourquoi il semblait important pour elle que je lise ce livre-là. Elle a acheté *Autant en emporte le vent* à sa sortie en France. Je me souviens de la couverture en quadrichromie bleue par-dessus la couverture blanche dont je saurai bien plus tard que c'était celle de Gallimard. Elle en parlait aux clientes avec enthousiasme, comme si Scarlett était une femme réelle. Toute enfant, j'avais 9 ans, j'ai senti qu'elle s'identifiait à Scarlett, par le caractère, la volonté — que son destin était celui qu'elle aurait aimé avoir. Avec sa permission, je me suis jetée sur ce gros livre, le plus gros livre que j'aie jamais lu dans mon enfance. J'ai tout de suite été embarquée par l'histoire, qui m'a plongée dans l'amour et la guerre de Sécession, le parcours d'une vie de femme. J'ai eu la curiosité de relire le roman il y a une quinzaine d'années. Mon a priori condescendant s'est dissipé rapidement. Scarlett O'Hara est une femme qui choisit à chaque moment de sa vie, elle choisit bien ou mal, mais elle décide elle-même. Je n'ai pas eu honte d'avoir aimé ce roman.

Ma mère demandait souvent ce qu'elle devait acheter comme livre au libraire, qui avait un rôle majeur de conseil dans une petite ville telle qu'Yvetot. Je me souviens qu'un jour de distribution des prix — où j'avais reçu beaucoup de livres mais illisibles comme d'habitude dans ce pensionnat religieux, genre *Hélène Boucher*, *Le maréchal Lyautey*, etc. — elle m'a emmenée illico chez le libraire, qui nous a proposé *Les fleurs du mal* et un ouvrage de Gustave Cohen sur Ronsard, lequel a été ma porte d'ouverture sur la critique littéraire. Un autre jour, ce fut un roman — de Luce Amy — qui portait en exergue une citation de Proust que je n'ai jamais oubliée, sur les chagrins[1].

---

1. «Les chagrins sont des serviteurs obscurs, détestés, contre lesquels on lutte, sous l'empire de qui on tombe de plus en plus,

Voyez, je me souviens de tout cela parce que c'était du bonheur. Ma mère a été une dispensatrice de lecture. Adolescente, étudiante, à mon tour je lui ai fait lire des livres, que des camarades me prêtaient, ou que j'empruntais à la bibliothèque. Je me rappelle lui avoir passé *La métamorphose* de Kafka, qui l'a beaucoup troublée.

Ma grand-mère maternelle était aussi une grande liseuse, de quoi, en revanche, je ne sais pas, peut-être de petits feuilletons.

— Vous avez dit aussi que votre mère avait un tel respect des livres qu'elle se lavait toujours les mains avant de toucher un livre…

— Oui. Elle regardait ses mains, voir si elles étaient propres. Parce qu'elles étaient toujours un peu grasses à cause de ses activités. Elle disait « attends, je vais me laver les mains ». Plus que précieux, le livre était un objet sacré. Le sésame de tout, d'un accès à quelque chose de supérieur, d'important pour la vie et qui, pour cette raison, à ses yeux, pouvait s'avérer nuisible. C'est ainsi qu'elle n'avait pas voulu que je lise *Une vie* de Maupassant, me jugeant trop jeune, interdiction que j'ai naturellement enfreinte. J'ai volé le livre et l'ai lu en haut de l'escalier qui donnait dans la cuisine, à la lumière d'une faible ampoule, le

---

des serviteurs atroces, impossibles à remplacer et qui par des voies souterraines nous mènent à la vérité et à la mort », Marcel Proust, *Le temps retrouvé*.

cœur battant. Je n'ai pas eu le droit non plus de lire *Le rosier de Madame Husson* et *La maison Tellier*.

Plus que Flaubert, Maupassant était considéré par les Normands du pays de Caux comme leur écrivain à eux, celui qui avait su les peindre, surtout les paysans, même si ce n'était pas flatteur, d'une lucidité cruelle au contraire. Même mon père a lu, fait exceptionnel, des nouvelles paysannes de Maupassant. Il y avait cela, d'important, « voilà un écrivain qui a parlé de nous », peu importe que ce soit en mal. Dans la désaffection pour la lecture, je crois que l'absence de point de rencontre entre le livre et le lecteur joue beaucoup.

Pas seulement, évidemment. Il y avait quelque chose de radical dans le désintérêt, l'indifférence — je cherche le terme — de mon père vis-à-vis de la lecture. J'ai rapporté dans *La place* qu'il m'a dit un jour « les livres c'est bon pour toi, moi je n'en ai pas besoin pour *vivre* ». C'était une phrase qui me rejetait, qui voulait dire que, entre lui et moi, il y avait un fossé qu'on ne pourrait pas combler. C'est ça, le fossé culturel, qui surgit à un moment de la vie entre soi et ses parents, ou entre frères et sœurs parfois aussi. Quelque chose de l'ordre d'une grande solitude, de la souffrance. C'est ainsi que je le vivais à 16, 17 ans. Sans penser que mon père le vivait peut-être aussi de la même manière. Il aurait peut-être préféré que je ne fasse pas d'aussi longues études. La douleur des enfants qui se séparent culturellement de leurs parents vient de ce que ces derniers veulent que leurs enfants soient plus instruits, donc plus heureux, soient « mieux qu'eux » — « tu seras mieux que nous », j'ai entendu souvent cette phrase — et en même temps ils voudraient qu'on reste identique à l'enfant qu'ils ont connu, qu'on puisse continuer de rire aux mêmes choses qu'eux, regarder les mêmes émissions de télé qu'eux. Qu'on ne les perde pas en cours de route. Il y a une double contrainte, s'instruire et rester pareil. Ma souffrance venait de ce que je ne pouvais pas. Il y avait trop de choses que je ne pouvais pas partager, surtout avec mon père. Ma mère, elle, n'aurait jamais dit cette phrase, « les livres je n'en ai pas besoin pour vivre ». Lui la disait avec une forme de réalisme, de lucidité aussi, car au sens propre de vivre, de subsister par son travail, il n'en avait pas l'utilité. On n'avait pas créé ce désir en lui. Il avait acquis le savoir primaire que la Troisième République avait dessein d'inculquer à tous, lire, écrire, compter, c'est tout, le reste était du luxe. À 12 ans, on l'avait envoyé travailler dans une ferme.

Je ne crois pas qu'il ait jamais compris que je puisse aimer étudier la littérature. Les sciences, la médecine, oui, il aurait compris, pas les lettres. Les lettres, qu'est-ce que ça voulait dire ? Il n'a jamais demandé.

— *Quel rôle a joué la lecture pour vous ?*
— Un rôle ambivalent. La lecture, c'était le lieu de l'imaginaire, là où je vivais de manière intense, en même temps c'était ce qui me séparait du monde réel de mon enfance en m'offrant des modèles sociaux très souvent aux antipodes des miens. Je m'irréalisais à fond dans chaque livre, mais cette irréalisation a joué un rôle formidable dans mon acquisition des connaissances. Simplement en lisant — y compris des ouvrages enfantins — j'ai appris une foule de choses que je n'aurais pas apprises autrement à une époque où il n'y avait que la radio. Je n'allais pas au théâtre, pas au cinéma. Le livre était l'ouverture sur le monde. Je suis certaine qu'une grande partie de mes modèles et de mes règles morales m'est venue de la lecture, par l'identification à des héroïnes. Il y a eu Jane Eyre, il y a eu Scarlett O'Hara, des héros aussi. Je me souviens de Daniel Eyssette, du *Petit Chose* d'Alphonse Daudet, de sa cruauté et de ses remords vis-à-vis de Bamban, l'élève pauvre et boiteux. Et plus tard, Antoine Roquentin de *La nausée*, Julien Sorel, Frédéric Moreau... Je ne crois pas qu'on puisse écrire sans avoir beaucoup lu. En lisant, insensiblement, il apparaît comme possible de faire la même chose.

— *Vous vous êtes beaucoup identifiée au personnage de Jane Eyre. C'est votre mère qui vous l'a fait lire ?*

— C'est elle. Je me souviens de m'être identifiée intensément à Jane Eyre enfant, dans cet affreux collège où elle avait été envoyée. J'avais plus de mal avec la Jane adulte, sa relation avec M. Rochester. Je me souviens aussi avoir parlé du livre avec ma mère, de façon très simple, comme si Jane était un personnage réel qui se conduit bien, avec intelligence. En le relisant il y a une dizaine d'années, j'ai été stupéfaite de découvrir à quel point j'avais été influencée par la façon de penser de Jane, qui est à la fois personnage et narratrice. Ce fut certainement un roman initiatique pour moi. Plus abordable que *Les Hauts de Hurlevent*, lu aussi très jeune, mais dont la violence des sentiments m'est restée étrangère à ce moment-là. Récemment, je me suis aperçue qu'une scène de *Jane Eyre*, qui m'avait fortement touchée, dont je m'étais toujours souvenue, avait à voir avec la mort de ma sœur et mon inconscient. La scène où, dans ce pensionnat ravagé par une épidémie de typhus, Jane, qui n'est pas atteinte, va rejoindre à l'infirmerie son amie Helen, malade, elle, de phtisie, et se glisse dans son lit. Toutes deux parlent de la vie, de Dieu, qu'Helen croit aller rejoindre. Jane s'endort. Au réveil, Helen est morte. En écrivant *L'autre fille*, j'ai réalisé que ma sœur était morte dans le petit lit où j'ai dormi jusqu'à 7 ou 8 ans, où moi-même j'avais failli mourir du tétanos.

C'est une certitude pour moi que nous pouvons savoir qui nous avons été, quels sont nos désirs, aller plus loin dans notre propre histoire, en essayant de nous souvenir de tous les textes lus, mais aussi de tous les films, tous les tableaux vus, en dehors même de leur valeur artistique. Car il y a des histoires que j'ai lues enfant dans des magazines et qui m'ont poursuivie. Qui donc ont à voir avec moi-même, je le sais maintenant.

L'art nous dit quelque chose même là où nous pensons qu'il ne nous le dit pas. C'est sa force, la force de la littérature, du cinéma, de la peinture. La musique, c'est plus compliqué mais réel aussi. Il faudrait, si on veut savoir qui on est, de quoi on est héritier, rassembler les pièces du musée intérieur qui nous constitue. Je ne crois pas qu'il existe des êtres qui ne soient, n'aient été, touchés par rien. Non, je ne le crois pas.

Je ne suis pas une femme qui écrit, je suis quelqu'un qui écrit

Longtemps je me suis demandé ce que signifiait une identité de femme. Parce que je n'ai pas ce sentiment-là en écrivant. Parce que d'y être renvoyée est une source de souffrance, de révolte surtout. Les femmes y sont renvoyées, toujours, à leur identité de femme, pour justifier le maintien inavoué de la suprématie masculine. Même si être une femme dans les années 2000 n'est pas être une femme dans les années 1950, perdure cette domination, y compris dans les sphères culturelles. La révolution des femmes n'a pas eu lieu. Elle est toujours à faire.

Mon premier modèle en matière de féminisme a été ma mère. Dans sa manière de m'élever, par sa façon à elle d'être dans le monde, d'être une volonté, de ne pas se laisser imposer quoi que ce soit par qui que ce soit. Jamais elle ne m'a demandé d'aider aux tâches ménagères, absolument jamais. Pas davantage de servir au commerce. Tout juste ai-je dû faire mon lit à partir de 15, 16 ans! Tout mon temps était pour l'étude, le jeu, la lecture. J'avais le droit de lire à n'importe quel moment, autant que je voulais. Les matinées où je n'avais pas d'école, je restais au lit jusqu'à midi avec un livre. Je me souviens de m'être vantée de ce privilège en classe, la maîtresse m'a regardée avec une horrible sévérité. Sans doute il y avait là pour elle quelque chose d'anormal, de malsain, le lit et la lecture...

J'ai découvert Simone de Beauvoir à 18 ans. D'abord les *Mémoires d'une jeune fille rangée* qui ne m'ont pas spécialement touchée. Il s'agissait d'une enfance dans un milieu privilégié tellement différente de la mienne qu'il n'y a pas eu de rencontre. Puis *Le deuxième sexe*, une véritable révélation. Mais je n'ai pas fait le lien, à ce moment-là, entre l'éducation atypique que j'avais reçue et ce que Beauvoir écrivait, c'est-à-dire que j'ai laissé de côté, pas examiné, l'éducation que j'avais reçue. J'ai plongé dans quelque chose d'immense, d'inconnu jusque-là, l'histoire des femmes, de la condition des femmes. C'est seulement dans les années 1970, avec l'émergence du mouvement féministe, que je prendrai conscience réellement de la nature si peu traditionnelle de mon éducation et que j'en serai reconnaissante à ma mère.

Je crois que cette double influence, de mon éducation et du *Deuxième sexe*, m'a prémunie contre l'idée, très répandue après 1968, d'une littérature spécifique des femmes. Je lisais, j'entendais, qu'on écrit avec son corps, son corps de femme. Quand je me suis mise à écrire, je n'ai pas eu l'impression d'écrire avec ma peau, mes seins, mon utérus mais avec ma tête, avec ce que cela suppose de conscience, de mémoire, de lutte avec les mots ! Je n'ai jamais pensé, voilà, je suis une femme qui écrit. Je ne suis pas une femme qui écrit, je suis quelqu'un qui écrit. Mais quelqu'un qui a une histoire de femme, différente de celle d'un homme. Cette histoire, c'était, avant la contraception et l'avortement libre, celle du pire enchaînement à la procréation. Et l'expérience qu'une femme a du monde au quotidien n'est pas celle d'un homme. En réalité, la difficulté pour une femme — même si je ne l'ai pas ressentie — c'est de faire admettre la légitimité d'écrire son expérience de femme. D'autant plus que la littérature reconnue, enseignée — donc les modèles proposés — est masculine à 95 pour cent et qu'aujourd'hui encore il y a des matières d'écriture ressortissant à l'expérience virile, telles que la guerre, le voyage, qui sont valorisées à l'extrême, tandis que celles plus spécifiquement féminines, comme la maternité, ne le sont jamais.

Les livres que j'ai écrits depuis mon histoire et mon expérience de femme, *La femme gelée* et *L'événement*, ont été à leur publication soit brocardés soit passés sous silence. Comme si l'écriture, les moyens d'écriture mis en œuvre dans ces textes étaient nuls et non avenus en raison du sujet. Que celui-ci entachait ma démarche littéraire.

Cela dit, la différence qui joue dans l'écriture est davantage, selon moi, de nature sociale que sexuelle. Qu'on soit homme ou femme, c'est l'origine sociale qui détermine. On n'écrit pas de la même manière quand on est issu d'un milieu populaire ou, au contraire, privilégié. Cela reste sans doute une des plus fortes composantes de l'écriture.

Il y avait quelque chose de très gênant dans un certain féminisme des années 1970. Tout se passait comme si les femmes subissaient les mêmes conditionnements, qu'il n'y avait pas de différence entre les femmes de la bourgeoisie et les femmes de milieu populaire ou paysan. D'accord, la domination masculine traverse la société, les sociétés, mais différemment, justement, selon le milieu social. Je sentais un gouffre entre les femmes éduquées dans la bourgeoisie — ma belle-mère par exemple — et celles de mon enfance. Elles n'avaient ni le même corps, ni la même histoire. Et cette inégalité, elle était sensible pour moi dans le souvenir de la terrible difficulté que, sans argent et sans relations, j'avais eue pour trouver un moyen d'avorter, alors que certaines filles, riches, avaient, au même moment, pu sans problème aller en Suisse où c'était autorisé.

— *Comment vous est venue l'envie d'écrire ?*
— J'avais 19 ans et j'étais très mal dans ma vie. Après le bac, j'étais entrée à l'école normale d'institutrices en classe de formation profes-

sionnelle. Je ne voulais plus être à la charge de mes parents. J'avais aussi un grand besoin de liberté. Je crois que Simone de Beauvoir était pour quelque chose dans ce désir, le métier d'institutrice me paraissait le moyen d'acquérir rapidement cette liberté. Une erreur sur toute la ligne ! Je ne supportais ni l'internat ni l'idéologie de l'école normale et surtout je regrettais amèrement ces études supérieures de lettres que je ne ferais peut-être jamais. Je suis partie brusquement, en cours d'année, en rompant mon engagement dans l'Éducation nationale, avec le consentement de ma mère, d'ailleurs. Un mois après, j'étais en Angleterre, je travaillais au pair dans une famille de la banlieue de Londres, à Finchley. J'étais dans un grand vide, avec une impression profonde d'échec. Le matin je faisais du ménage mais l'après-midi j'étais désœuvrée. Au lieu d'apprendre l'anglais, je lisais tant et plus, uniquement de la littérature française contemporaine. Il y avait à la bibliothèque publique de Finchley un rayon de livres français. Le Nouveau Roman, dont j'ignorais tout, y était très représenté. Je ne me souviens pas exactement quand, comment, le désir m'est venu, en somme, d'en faire autant, d'écrire un roman, puisque, comme je l'ai dit, je n'ai plus mon journal intime de cette année-là. Simplement, je me revois commençant d'écrire un dimanche dans un jardin public de West Finchley, à la fin août. Je suis rentrée en France en octobre avec le projet de faire une licence de lettres, je savais enfin ce que je devais faire, « rester » dans la littérature, en l'étudiant — et en devenant prof de français mais ce n'était pas la visée première — et en écrivant. Pendant deux ans, le désir d'écrire ne m'a pas quittée mais il était impératif pour moi d'avoir mes examens — j'étais boursière —, les programmes de ce qu'on appelait alors « les certificats » de littérature, grammaire et philologie, lettres étrangères et histoire, étaient lourds. Des débuts de romans des deux premières années, je n'ai plus trace. C'est seulement au cours de ma troisième année d'université que j'ai achevé un roman, court, un texte conceptuel assez obscur, peut-être foutraque pour un lecteur. Je l'ai envoyé au Seuil, au service des manuscrits. Je n'aurais jamais eu idée d'aller voir un écrivain ni même de lui envoyer mon roman. C'était un monde parisien, lointain. Au Seuil, c'est Jean Cayrol qui m'a répondu, très gentiment. Il disait, en substance, que mon entreprise était ambitieuse mais que je n'avais pas trouvé les moyens de la réaliser. J'avais fondé la structure de mon texte sur l'idée qui était alors ma vision du monde. À savoir, que la réalité de soi n'existe pas en dehors des images, celles du passé — de l'enfance donc — celles qu'on se fait du présent, et les représentations de l'avenir, tout ce qu'on imagine. Finalement, ce sont *Les années*, avec les pensées attribuées à la fille décrite sur les photos, qui réaliseront ce que je n'avais pas réussi à faire dans ce premier texte.

Le refus de Jean Cayrol ne m'a pas découragée. J'étais vraiment décidée à recommencer. Mais c'est là qu'intervient mon histoire de femme, l'histoire des femmes. C'est en tant que femme que j'ai rencontré tous les obstacles possibles m'empêchant de recommencer d'écrire. Évidemment on peut dire, comme on disait, comme on dit toujours, que c'était ma faute. Pourquoi, en effet, pourquoi faire l'amour et se trouver enceinte ? Non, ce n'était pas la faute des femmes, simplement la société, à ce moment-là, n'offrait pas de solution aux femmes, interdisait de facto la liberté des femmes. J'ai pris frontalement le « destin » que je n'imaginais pas, celui de la reproduction non choisie. D'abord un avortement, ensuite un mariage rapide, dit « obligé », et une naissance non voulue mais acceptée, joyeuse même. Les diplômes à terminer dans les pires conditions. Idem pour mes débuts du métier de prof, que l'Éducation nationale n'a jamais facilités. J'ai été nommée dans un poste à quarante kilomètres de chez moi avec des routes enneigées l'hiver. Tout cela a nourri plus tard *La femme gelée*.

Je me souviens qu'aux vacances d'été j'essayais d'écrire pendant les siestes de mon fils mais il y avait toujours de multiples empêchements. Et aussi, je n'avais pas la force d'imposer mon désir d'écriture, qui me paraissait tellement futile par rapport à ce qui m'était demandé, que je ne croyais pas pouvoir éluder, l'éducation d'un enfant, la subsistance... Le partage des tâches avec un mari n'était pas à l'ordre du jour. Ce n'était pas socialement accepté, ce n'était pas même imaginé comme possible. Ça se passait juste avant 68, mais cet ordre traditionnel est loin d'appartenir à la préhistoire des femmes.

Un événement violent, le décès de mon père, a, je dirais, transformé mon désir d'écrire. J'étais arrivée à Yvetot la veille, avec mon petit garçon, pour passer une semaine avec mes parents, quand mon père a été frappé d'un infarctus. Il est mort en trois jours. Encore aujourd'hui, je vois ce moment comme un séisme, un retournement. Avec des pensées d'une extrême violence. Je voyais tout ce qui m'avait séparée de mon père et c'était irrémédiable. Je voyais cette acculturation, particulièrement réussie dans mon cas puisque mon grand-père paternel ne savait pas lire, que mon père avait été garçon de ferme, ouvrier, cafetier, et que je venais d'être admise prof de lettres. Je plongeais dans le gouffre de la séparation définitive d'avec mon père. Sans possibilité de me racheter. Après, il n'a plus été question d'écrire comme j'avais écrit quelques années auparavant, mais d'écrire sur quelque chose qui, justement, n'avait pas encore de nom pour moi. Beaucoup plus tard, la sociologie m'apprendra que ma situation est celle des «transfuges de classe». Je ne sais même pas si ce nom-là existait à la fin des années 1960.

D'être enseignante a joué aussi un rôle important, non pas dans mon désir de re-écrire, mais dans le réveil de choses enfouies. La première année, après le décès de mon père, j'ai eu des enfants de 6e et de classes dites «pratiques», préparant à des CAP. J'ai été conduite, en le refusant pourtant au début, à admettre qu'il y avait une part de moi-même qui était dans ces élèves, ou que, eux, ils étaient en moi. Pendant mes années d'études supérieures, j'avais perdu de vue le milieu dans lequel j'avais grandi, la fille que j'avais été à 12 ans, 15 ans, et d'un seul coup je me trouvais avec des enfants et des adolescents qui me forçaient à des questions que je ne m'étais pas posées avant, qui ne se posaient alors nulle part. Comment faire passer, aimer, ce qui me paraissait beau à des jeunes qui vivent hors de la culture, dont les parents ne lisent pas, n'emmènent pas leurs enfants au théâtre? Je mesurais, de façon criante, dans la manière de se tenir de ces jeunes, leur langage, le fossé entre leur milieu et le monde cultivé dont j'étais devenue en quelque sorte l'incarnation et la courroie de transmission. Eux, ils étaient mon milieu d'origine. Je me demandais: Ce que j'enseigne là, qu'est-ce que ça devient en eux? La plupart voyaient leur présent et leur avenir au travers de la limitation de leur milieu.

Dire, avec une certaine légèreté, «tout le monde n'a pas les mêmes chances» et le vivre dans un cours de français, ça n'a rien à voir. On se demande sans arrêt pourquoi c'est ainsi, ce qu'il faudrait faire.

Tout cela était très lourd à écrire, très difficile. Il me faudra du temps et puis, au début des années 1970, ça deviendra la seule chose à faire. *Les armoires vides* — c'est de ce livre que je parle — est le retour sur l'essentiel, sur ce qui m'a déterminée pour toujours sans doute. Qui a déterminé ma vision du monde, donc ma vision à l'intérieur de l'écriture. Le monde dans lequel je suis née est fondamentalement différent de celui auquel je suis parvenue par les études. Mes grands-parents étaient de milieu paysan mais, attention, des paysans qui ne possèdent pas la terre, des paysans qui travaillent la terre des autres. Mes parents, leur famille, la clientèle, les gens qui gravitaient autour de nous étaient d'origine ouvrière, ouvriers eux-mêmes, au mieux petits employés. Mes parents vivaient toujours dans la peur, la crainte de « retomber ouvriers », disaient-ils, mais c'était beaucoup plus vaste, une peur ancienne, viscérale, une certitude de leur limitation. Je suis passée dans un monde qui n'a pas le même ethos, les mêmes façons d'être, les mêmes façons de penser. Ce bouleversement reste toujours en moi. Même physiquement. Il y a des situations où je me sens... Non, ce n'est pas de l'ordre de la timidité, ni du mal-être. De la place. Comme si je n'étais pas à ma vraie place, que j'étais là sans être réellement là.

Ce sont des situations mondaines la plupart du temps. Des situations où je suis amenée à côtoyer un monde qui, par lui-même, nie d'une certaine manière mon premier monde, le monde dominé. Le monde de ceux qui n'en sont pas, voilà.

Le lieu où tout cela n'existe pas, c'est l'écriture. C'est un lieu, l'écriture, un lieu immatériel. Même si je ne suis pas dans l'écriture d'imagination, mais l'écriture de la mémoire et de la réalité, c'est aussi une façon de m'évader. D'être ailleurs. L'image qui me vient toujours pour l'écriture, c'est celle d'une immersion. De l'immersion dans une réalité qui n'est pas moi. Mais qui est passée par moi. Mon expérience est celle d'un passage et d'une séparation du monde social. Cette séparation existe dans la réalité, séparation des espaces, des systèmes éducatifs, ces enfants qui vont quitter l'école à 16 ans en sachant si peu de choses, et d'autres qui continuent jusqu'à 25. Il y a une homologie entre la séparation du monde social et celle qui a traversé mon existence, une forme de coïncidence qui fait qu'écrire pour moi ce n'est pas m'intéresser à ma vie mais saisir les mécanismes de cette séparation.

Sortir des pierres du fond d'une rivière

— *À quel moment de votre vie avez-vous écrit* Les armoires vides *?*
— Dans un moment de grand désarroi, de vie factice, aussi. Je suis agrégée de lettres modernes depuis un an — j'ai passé le concours en continuant d'enseigner, en suivant les cours par correspondance — et je suis hantée par la nécessité d'écrire sur cette déchirure entre mon enfance, le monde de mon enfance, et celui dans lequel j'évolue maintenant. Moi, la prof bcbg, qui transmets la langue et la littérature françaises aux élèves d'un collège excentré, plus ou moins agités, pas des élèves d'un grand lycée parisien. Quant à ma vie avec le père de mes enfants, elle s'avère de plus en plus intenable. J'ai entrepris sur Marivaux une thèse dont l'intérêt et la nécessité se sont évanouis en quelques semaines. Tout cela forme un terreau de désespoir. De désespoir mais aussi de sentiment que si j'arrive à écrire ce que je porte en moi depuis la mort de mon père, si j'ouvre ce que j'appellerai dans le livre « ma valise de linge

sale » quelque part, oui, je serai sauvée. C'était une entreprise de survie. En commençant, je ne savais pas ce qui arriverait, ce qui viendrait, ni comment. J'avais seulement une vision, une sorte de photographie floue de mon roman. Ce qui est venu, en octobre 1972, c'est la violence. Six mois avant, j'avais commencé d'écrire quelques pages, dans une écriture analytique, distanciée, « convenable », mais je n'avais pas trouvé l'élan qui permet de poursuivre. C'est en partant de mon avortement clandestin, en faisant de celui-ci le cadre temporel du roman, que m'est venue cette écriture déchirée, qui me portait, n'a cessé de me porter mais dont je ne mesurais même pas le degré de violence. Ce que je cherchais, c'était la justesse, la vérité, faire ressentir et comprendre, d'abord l'adéquation de la petite fille à son milieu, le déchirement ensuite de l'adolescente, la honte qu'elle éprouve de sa famille, son effort pour oublier les origines et finalement son rejet par le garçon bourgeois. Je ne pensais pas à la publication. Bien sûr, je savais que j'écrivais un livre, mais je veux dire que je n'avais pas de garde-fou, de censure, pour l'écrire. Je ne pensais qu'à une chose, aller au bout de mon texte, ensuite on verrait bien.

Ce qui me tenait fortement, c'était l'enjeu politique de mon entreprise. Remonter le monde du café-épicerie de mon enfance, c'était en même temps décrire la culture de ce milieu populaire, montrer qu'elle n'était pas, lorsqu'on était façonné par elle, ce qu'un regard cultivé juge avec mépris ou condescendance. Et ce qui m'importait, c'était de dévoiler les mécanismes par lesquels on transforme un individu en quelqu'un d'autre, en ennemi de son propre milieu. C'était une mise en question de la culture, ce qu'une forme de culture fait à l'individu, cette séparation-là. Et finalement la violence de l'écriture était ce qui correspondait le mieux pour dire ces choses.

Dans les deux livres suivants, *Ce qu'ils disent ou rien* et *La femme gelée*, j'aurai encore cette écriture à la violence, en somme, exhibée. Aussitôt après la publication des *Armoires vides*, j'avais commencé d'écrire sur mon père, dans cette même tonalité. J'ai senti que ça n'allait pas. Mais je ne voyais pas pourquoi. Il m'a fallu, j'en ai le souvenir, un travail d'analyse d'ordre sociopolitique : moi, la fille d'un père ouvrier, devenue prof de lettres, j'allais écrire sur lui et offrir à des lecteurs — qui appartiennent la plupart du temps, au minimum, à la classe moyenne — le récit d'une existence et la description d'une culture qu'ils ne considèrent pas faire partie de leur monde à eux. J'ai compris que l'écriture violente des *Armoires vides* appliquée, cette fois, non à une narratrice disant « je » mais à « il », mon père, plaçait celui-ci en position de « dominé », par rapport à moi-même qui avais la « supériorité » d'écrire sur lui, et surtout par rapport au lecteur. D'une certaine manière, l'écriture de dérision des *Armoires vides* me plaçait du côté des dominants, creusait la distance avec mes ascendants. Tout cela peut paraître compliqué mais c'est du même ordre que le malaise qu'on peut ressentir quand quelqu'un fait en toute bonne conscience une réflexion acerbe ou ironique sur les femmes de ménage ou les «culs-terreux» et qu'on est soi-même né d'une femme de ménage ou de paysans. Le malaise d'être complice d'une expression de la domination touchant un proche. Je ne voulais pas ajouter la domination par l'écriture à la domination — réelle — subie par mon père. Il y avait deux manières d'ajouter à cette domination, le misérabilisme — ne montrer que l'aliénation, noircir le tableau — et le populisme — montrer la grandeur d'une condition d'ouvrier, cet éloge qui masque, supprime, tout ce qui ressortit à la domination économique et culturelle. La seule façon qui m'est apparue pour éviter ce double piège, c'était une écriture factuelle, «plate», ai-je écrit, mais je ne voulais pas dire journalistique, sans recherche, non, une écriture de constat, soigneusement débarrassée de jugements de valeur, une écriture au plus près de la réalité, dépouillée d'affects. C'était plonger dans le monde de mon père avec juste les mots nécessaires pour faire ressentir les espérances et les limites de ce monde, qui a été aussi le mien et dont, ainsi, je ne me désolidarisais plus. C'est ainsi que dans *La place* — je suis en train de parler de ce livre, bien sûr —

la violence n'est plus exprimée, elle est «rentrée» pour ainsi dire, comme l'émotion.

En me mettant à écrire *La place*, dès le récit que je fais de la mort de mon père, j'ai senti que les mots que j'écrivais devaient transcrire au plus près la sensation de *nécessité*, de *limitation* que j'avais reçue en vivant auprès de lui, auprès d'eux. Rien ne pouvait rendre autant cette sensation que d'insérer leurs mots à eux, donc leur vision du monde, dans la trame du texte, une trame syntaxique sans effets, sans métaphores, sans «luxe»... Du moins, c'est ainsi que j'ai ressenti comme «juste» le texte de *La place* au fur et à mesure qu'il avançait.

Quand j'écris, je ne me fie qu'à ce sentiment, je pense «c'est ça». Si «ce n'est pas ça», impossible de continuer. Peut-être me suis-je laissée aller à quelque chose qui n'est pas moi. Quelque chose qui s'écarte de ce que je sens être la réalité.

— *Dans* La place, *et dans vos livres suivants, ce qui est très frappant c'est que vous partez toujours du concret.*

— Il y a vingt ans, je n'aurais pas su expliquer pourquoi. Il m'apparaît maintenant que j'ai un problème avec l'abstraction, les choses sans forme matérielle. Je veux dire que l'abstraction doit se présenter sous la forme d'images concrètes. Je n'écris qu'avec des images visuelles intériorisées, des images de la réalité aussi, qui m'amènent vers l'idée. L'idée, l'idée ne précède pas, elle vient après. Elle vient par exemple de souvenirs très forts qui ont véritablement la consistance de choses. Les souvenirs sont des choses. Les mots aussi sont des choses. Il faut que je les ressente comme des pierres, impossibles à bouger sur la page, à un moment. Tant que je n'ai pas atteint cet état, cette matière du mot, de la phrase, ça ne me convient pas, c'est gratuit. Tout cela relève de l'imaginaire, bien sûr, de l'imaginaire de l'écriture. Écrire, je le vois comme sortir des pierres du fond d'une rivière. C'est ça.

— *Vous partez souvent d'une photo. Je pense aux* Années *par exemple.*
— Les photos jouent un rôle de déclencheur de l'écriture. Il y a dans la photo ce côté étrange du passé / présent des êtres qui ne sont plus là, ou ne sont plus ainsi. Cette présence / absence. La photo, de plus, est muette. Ce sont ces caractéristiques qui font que j'ai envie de prendre comme point de départ ou appui de l'écriture ce que je ressens devant une photo. La photo pour moi est le réel. Je sais, on m'objectera que les photos peuvent être truquées, qu'on fait ce qu'on veut aujourd'hui, ou que la photo est déjà une interprétation de la réalité. Mais je ne parle pas de ces photos-là, je parle des photos familiales, ou non, mais qui représentent des gens. Les photos de paysages ne m'intéressent pas trop. Ce sont les photos des hommes, des femmes, qui me font écrire. Moi-même, je ne photographie pas, ou

très peu. Cela m'apparaît comme une contrainte, une rupture dans la suite des sensations d'un voyage, gâcher le présent pour un hypothétique plaisir de « revoir », qui n'est en rien celui de revivre. C'est la mémoire et l'écriture qui permettent de revivre. Ce que j'aime, c'est regarder des photos anciennes, qui ont quelque chose de l'ordre, peut-être, de la mort ?

La photographie me paraît plus du côté de la mort que de la vie, ou plutôt elle est la vie envisagée du côté de la mort, de la disparition. La photo n'est rien d'autre que le temps arrêté. Mais la photo ne sauve pas. Parce qu'elle est muette. Je crois qu'au contraire elle creuse la douleur du temps qui passe. L'écriture sauve, et le cinéma. La peinture aussi peut-être ? Je ne sais pas. Mais surtout l'écriture.

— On a l'impression que, quand vous écrivez, c'est pour sauver. Sauver des moments, sauver... Quand vous écrivez sur votre mère, par exemple, c'est comme si vous lui redonniez vie.

— J'ai senti cela, cette possibilité incroyable de l'écriture, quand j'ai écrit sur ma mère, moins de redonner vie que de sauver. J'avais tenu un journal pendant sa maladie, le journal des visites que je lui faisais à l'hôpital. Mais c'était surtout une façon de supporter sa maladie d'Alzheimer, ma façon de supporter. Elle est décédée brusquement. Alors j'ai éprouvé le besoin presque fou d'écrire sur elle, d'écrire pour sauver quelque chose d'elle. Sa vie, la vie d'une femme. Sauver jusqu'à cette maladie-là. Sauver la totalité. Je n'avais pas ressenti cela avant, pas avec cette clarté que tout ce que je faisais en écrivant c'était sauver. Sauver le présent dans *Journal du dehors*. Sauver ce que des hommes, des femmes, nous, nous avons traversé, pas tous de la même façon certes, dans *Les années*. J'ai cette certitude que les choses qui m'ont traversée ont traversé d'autres gens. Ça me vient de la lecture, du fait que dans la littérature j'ai trouvé des choses pour moi. Dans Proust. Dans Georges Perec. Des choses qui font que l'on se dit, que l'inconscient dit : « Moi aussi. » Et la lumière se fait en soi. C'est « la vie éclaircie » dont parle Proust. Quand j'ai lu *Les choses*, de Perec, à 25 ans, j'ai été saisie par ce que ce livre disait sur ma propre vie de jeune couple, engagée dans la voie d'une consommation effrénée. Si on écrit ce qui vous est arrivé, ce qui vous a traversé, vous sauvez quelque chose pour les autres aussi.

Dans *Une femme*, je n'ai pas eu l'impression d'écrire un livre seulement sur ma mère, c'était sur une vie de travail, une vie de femme dans une époque. Mais je ne cherche jamais, en commençant d'écrire, ce que je vais sauver, pas du tout. Ce n'est pas mon souci. La visée première des *Années*, c'était d'inscrire dans l'Histoire l'existence d'une femme et, partant, celle des femmes, et des hommes. Écrire à travers, évidemment, ce que j'avais traversé moi-même mais d'une manière distanciée et sur fond d'évolution du monde. Mêler ma mémoire et des mémoires. Comme pour *La place*, trouver la forme juste m'a pris beaucoup de temps, de réflexion. J'ai commencé à la première personne, en disant «je». Au bout d'une vingtaine de pages, j'ai senti qu'il fallait éliminer le «je», et m'engager résolument dans une autobiographie «impersonnelle», même quand je décrirais mes propres photos.

C'est beaucoup de travail, l'écriture. J'ai toujours peur d'écrire pour écrire, que la chose à dire s'efface sous la facilité. Faire simplement un livre de plus ne m'intéresse pas. Dans ce cas il vaut mieux s'arrêter d'écrire. André Breton disait avec sa grandiloquence habituelle : «Quand on n'a plus rien à dire, je veux qu'on se taise ! » Je le pense aussi. Il faut que ce soit toujours un événement de faire un livre, d'aller jusqu'au bout d'un livre. Que j'aie l'impression d'avoir vraiment *fait* quelque chose. Je pense que ce désir de *faire* est fortement lié à mon enfance, puisque travailler intellectuellement, ce n'était pas travailler, au fond. Pour mes parents, je ne travaillais pas, j'apprenais, pas du tout pareil. Travailler, c'était travailler de ses mains. Je ne voyais autour de moi que des gens qui travaillaient de leurs mains et de leur corps. D'où mon impression, peut-être, que le livre doit être le résultat d'un travail intense pour mériter de venir au jour.

— *Mais c'est aussi toujours le besoin de laisser une trace ?*
— Écrire, ce n'est pas laisser sa trace en tant que nom, en tant que personne. C'est laisser la trace d'un regard, d'un regard sur le monde. Je comprends bien le désir actuel, chez beaucoup de gens, d'écrire leur vie, sans souci artistique, spontanément. Dans un monde incertain, en mutation, il y a une dispersion de soi et aussi un évanouissement de la mémoire collective qui font que chacun a envie de laisser une trace. On a envie de témoigner. De témoigner de son passage sur la Terre. Parce que transmettre la vie au sens biologique ne suffit pas. On voudrait que soient conservées des pensées, des images, des choses insignifiantes même, tout simplement parce que ça a eu lieu. Parce que ça s'est passé. J'ai ce besoin moi aussi. Mais je ne le sépare pas d'un besoin de connaissance. Et écrire, écrire vraiment, c'est viser à la connaissance.

Non pas à la connaissance qui est celle des sciences sociales, de la philosophie, de l'histoire, de la psychanalyse, mais à une connaissance autre, qui passe par l'émotion, la subjectivité. Qui dépend de ce qu'on appelait autrefois le style. Qu'on n'ose plus appeler le style. C'est quoi, le style ? C'est un accord entre sa voix à soi la plus profonde, indicible, et la langue, les ressources de la langue. C'est réussir à introduire dans la langue cette voix, faite de son enfance, de son histoire.

C'est bien difficile d'expliquer cela, mais on le sent quand on écrit. On sent qu'on ne fait pas de la psychologie ou de la sociologie ou de la psychanalyse. Même si, comme cela m'arrive, on se sert de connaissances scientifiques. Je dois à la sociologie de Bourdieu beaucoup de choses mais je ne « fais » pas du Bourdieu.

Dans le vif

— *Pouvez-vous nous parler de cette notion de justesse et aussi du danger qui sont, pour vous, liés à l'écriture ?*

— Le sentiment de justesse, quand j'écris, c'est quelque chose qui s'impose comme une évidence. Quand on aime quelqu'un, qu'on est dans la passion, on ne se pose pas de questions, on y va. On est sûr. On est sûr que quelque chose est survenu. C'est pareil en écrivant. Je ne dis pas que ce sentiment d'évidence, cette certitude, dure tout le temps du livre, il y a des moments de doute, de remise en question, mais, au départ, il me faut ce sentiment. Ensuite rien ne peut m'arrêter. Même pas la sensation de danger. Parce que la sensation de danger, c'est justement une indication, celle de la nécessité d'écrire le livre. Presque tous mes livres ont été écrits avec cette sensation-là, qui, elle non plus, ne dure pas, elle s'évanouit même au fur et à mesure de l'écriture. Mais j'en ai besoin aussi au départ. Il faut que le livre à écrire fasse un trou dans mon existence pour en toucher, trouer, d'autres.

Le danger, souvent, je ne le cerne pas clairement. En écrivant *La femme gelée*, je ne pensais pas que ce roman entraînerait la rupture de mon couple. Mais je l'ai peut-être écrit inconsciemment dans le but de déclencher quelque chose dans ma propre vie. J'avais conscience, en revanche, d'un autre danger — qui me poussait fortement à écrire — celui que mon livre qui ne s'inscrivait pas dans la ligne du MLF, encore moins dans celle des journaux féminins, ne soit pas «lisible», accepté. C'est d'ailleurs ce qui s'est produit. Je n'avais pas un discours assez radical pour les unes, il l'était trop pour les autres. Je n'étais pas dans le discours normatif — ce que les femmes devraient faire — j'étais dans la recherche de ma trajectoire de femme, de ma réalité de femme.

Pour *La honte*, j'ai hésité durant des années, je reculais devant l'écriture. Dire le geste de mon père qui entraîne ma mère dans la cave pour la tuer. Le danger pour moi était dans le geste même d'écrire cette scène. Comme si je n'allais plus pouvoir écrire ensuite, une sorte de châtiment pour avoir transgressé un interdit. Si je cherche, il me semble trouver toujours quelque chose de dangereux à l'origine de mes livres. C'est certainement lié à des choses un peu obscures, je n'en sais rien.

Le danger ne réside pas tellement dans le

contenu, il est dans la forme. Pour *Les années*, il était dans l'absence de personnages, l'absence de fil romanesque. On n'attend pas de savoir la suite puisque tout le monde connaît l'Histoire entre 1945 et 2007. Cette structure impersonnelle, avant de l'accepter, avant de m'y résoudre, je l'ai regardée longtemps avec une sorte d'effroi. À la sortie du livre, j'avais encore l'impression qu'il était, à proprement parler, illisible mais j'étais heureuse de l'avoir écrit ainsi.

À un moment de ma vie, l'écriture a eu pour moi la figure d'un geste, celui de couper, de trancher. L'écriture comme un couteau. Cette image me vient moins, peut-être parce qu'elle est désormais devenue le titre de mes entretiens avec Frédéric-Yves Jeannet. Les images s'usent aussi en soi. Mais il s'agit toujours de déchirer les apparences. D'écrire d'une façon qui décharne la réalité pour la faire voir. Il y a des comparaisons qui ne me viendront jamais, ni une façon d'écrire légèrement, au-dessus des choses, j'en suis incapable. J'ai besoin d'écrire dans le vif.

— *Est-ce cela qui fait que votre écriture est politique ?*
— Qu'un livre puisse brutalement changer l'ordre social, provoquer une immédiate transformation des modes de penser, je ne le crois pas. Cependant l'écriture peut aller dans le sens de plus de conscience de la réalité du monde. Ou pas. Mais je ne suis pas sûre qu'on puisse

choisir, choisir l'aire d'action de son écriture. C'est d'emblée, je crois, qu'on donne un sens à l'écriture qu'on veut faire. Quand j'avais 22 ans, j'ai noté dans mon journal «j'écrirai pour venger ma race». Je voulais dire, la classe sociale dont je suis issue. J'avais écrit «race» sans doute à cause du cri de Rimbaud, «Je suis de race inférieure de toute éternité», aussi parce que le terme de «race» marquait plus fortement que «classe» mon appartenance au monde dominé. Même si le texte que j'écrivais alors, celui que j'ai envoyé au Seuil, n'était que lointainement politique.

Dix ans plus tard, *Les armoires vides* est un livre consciemment politique. J'écris contre. Contre une forme de domination culturelle, contre la domination économique, la domination des femmes contraintes à l'avortement clandestin en 1972. J'écris contre la langue que j'enseigne, la langue légitime, en choisissant d'écrire dans une langue qui véhicule des mots populaires et des mots normands, dans une syntaxe déstructurée. *Les armoires vides* c'est tous azimuts «contre», d'une certaine manière. Mais il y a une autre façon d'écrire, tout aussi «contre», c'est de simplement montrer, comme si le réel se dévoilait de lui-même. C'est l'écriture de *La place*, faire en sorte que l'écriture soit transparente, qu'on ne soit pas arrêté par les sentiments du narrateur, qu'il n'y ait pas d'écran entre le narrateur et les choses qu'il représente. Peut-être est-ce plus efficace que la violence. Mais il me fallait commencer par la violence des *Armoires vides.*

— *Dans tous vos livres, en fait, vous allez contre les visions dominantes du monde.*
— Je dirais que c'est plutôt une conséquence de ce que représente pour moi écrire. C'est descendre dans la réalité sociale, la réalité des femmes, la réalité de l'Histoire, de ce que nous avons vécu de façon collective mais au travers de ce que j'ai vécu personnellement. Il y a dans le vécu quelque chose d'immense, qui demande à être questionné sans cesse. On peut vivre pour vivre, en voulant, en tâchant d'être heureux. Mais il y a des gens pour qui ce qu'ils vivent, ou ce qu'ils ont vécu, ce qu'ils voient, ce qu'ils entendent, reste toujours une question. Rien ne va de soi. Et il faut essayer de comprendre, de connaître ce qui, en somme, vous est donné par l'expérience. C'est cela l'écriture qui vise à la connaissance, qui exsude la connaissance du vécu et du réel.

Dans le vécu, l'imaginaire tient cependant une place énorme. Une passion a occupé plus d'une année de ma vie et je me suis posé la question justement du mode imaginaire sur lequel je l'ai vécue. Celui d'une chanson d'Édith Piaf ? celui de Phèdre ? du roman sentimental ? Mais l'écrire, c'était tout autre chose. C'est un descriptif pur qui s'est imposé, peut-être pour contrer tout modèle. Ici, l'expression d'écriture comme un couteau convient tout à fait puisque je n'ai voulu décrire que les phénomènes d'une passion, les actes, les gestes, tout ce qui peut paraître dérisoire mais ne l'est pas au regard de ce que l'on éprouve. Mais dans quelle mesure ce livre lui-même n'a pas constitué pour d'autres une façon de vivre aussi une passion...

— *Donc d'une certaine manière vous rejoignez Proust ?*
— Oui, cette phrase de Proust, que « la vraie vie, la vie enfin découverte et éclaircie, la seule vie par conséquent réellement vécue, c'est la littérature », est pour moi une évidence. La vie *découverte et éclaircie*, les termes sont importants, on les oublie souvent en citant la phrase. La littérature n'est pas la vie, elle est ou devrait être l'éclaircissement de l'opacité de la vie.

Écrire c'est un état

— *Ce livre,* Les années, *dont vous aviez le projet depuis longtemps, vous l'avez entrepris finalement à un moment très difficile de votre vie.*

— J'ai commencé de penser à ce livre à peu près au milieu des années 1980, qui était aussi le milieu de ma quarantaine. Je me suis interrogée, qu'était ma vie, derrière moi ? Et j'ai été frappée : il n'y avait plus rien de commun entre le monde actuel et celui de mon enfance, dans les années 1950, un monde sans confort dans les maisons, sans télévision, une société moralement rigide, où la contraception n'existait pas. Je ressentais aussi la rapidité du temps, avec mes fils qu'il me semblait voir encore entrer à l'école primaire et qui étaient déjà à la fac, ou sur le point d'y entrer. Ce questionnement-là n'avait comme issue que l'écriture. J'ai vraiment erré, je ne peux pas dire autrement, erré pendant des années pour trouver la forme de ce livre. Pendant ce temps, j'ai écrit d'autres textes, *La honte, L'événement, L'occupation.* En 2002, on m'a découvert un cancer du sein. D'un seul coup, ce fut comme si je n'avais plus de questions à me poser sur la forme du livre. Je me suis lancée définitivement dans l'entreprise, en utilisant tout ce que j'avais accumulé comme notes auparavant. C'était comme si, jusque-là, je ne m'étais pas donné l'autorisation d'écrire le livre sous une forme impersonnelle, collective. Comme si, également, j'étais encore timide devant l'ampleur de la tâche. Et puis j'ai pensé à décrire dans le texte des photos de moi, mais en disant « elle », ce qui était une manière d'introduire un corps de femme, une histoire de femme dans le texte, et donc d'incarner réellement le passage des années. C'est ainsi que le récit s'est mis à « fonctionner ». Ce titre, *Les années*, m'est venu deux ans avant d'avoir fini. Comme s'il n'y avait pas d'autres titres possibles non plus. Je me demande si le sujet de ce que j'écris depuis une vingtaine d'années n'est pas surtout le temps. Le temps et la mémoire. De plus en plus.

— *Plus tournée vers le passé que vers l'avenir ?*

— Il ne s'agit pas d'une opposition entre le passé et l'avenir, non. Ni d'un passé regretté. Ce qui me requiert, c'est le temps dans la mesure où il change continuellement les êtres, leurs pensées, leurs croyances, leurs goûts, d'où l'impossibilité de parler d'une identité fixe. Il y a peut-être quelque chose qui résiste dans chacun de nous mais ce noyau dur, on ne sait pas ce qu'il est. *Les années* sont construites sur cette vision, d'une évolution incessante et de l'impossibilité d'avoir un point de vue unique sur le monde. Il y a toujours une dimension d'avenir en creux dans ce que j'écris, de ce que pourrait être l'avenir. Mais jamais une certitude sur ce qu'il sera. Jamais de message...

— *À la fin des* Années *vous écrivez : « Sauver quelque chose du temps où l'on ne sera plus jamais »*...
— Sauver, oui, par l'écriture, mais pas me sauver seule, pas sauver ma vie comme somme d'événements personnels. On ne peut pas. Il faut sauver en même temps l'époque, le monde dans lequel on a été, on est. Et ça va du plus quotidien, simplement de gens croisés dans la rue, à des scènes très lointaines. C'est sauver ce qu'on a aimé, des chansons, des livres qui n'ont peut-être pas de valeur, mais dont on se souvient. Il y a là, sans doute, un grand désir d'exhaustivité, de recréation totale du temps passé vécu. Mettre tout dans l'écriture. C'est comme ça que je ressentais les choses à 20 ans, tout dire. J'étais démunie devant la totalité des choses à dire. Une totalité effrayante, au moment d'écrire. Avec le temps, s'apercevoir qu'on ne peut pas tout dire. C'est le choix qui compte. Le choix de ce qui sera sauvé. À la fin des *Années*, il y a comme un kaléidoscope de choses vues, en vrac : le film *Des gens sans importance* d'Henri Verneuil, un vieillard à l'hôpital de Pontoise qui téléphonait tous les jours dans le hall sans obtenir son correspondant, un flot d'images vues par moi seule, ou par mes contem-

porains, nous tous. Mes contemporains, quel que soit leur âge, ceux qui vivent dans le même temps que moi, que nous.

Vous savez, le philosophe Clément Rosset dit : « Ne regardez pas en vous-même, vous ne trouverez rien. » Quand j'écris, je n'ai pas l'impression de regarder en moi, je regarde dans une mémoire. Dans cette mémoire, je vois des gens, je vois des rues. J'entends des paroles et tout cela est hors de moi. Je ne suis qu'une caméra. J'ai simplement enregistré. L'écriture consiste à aller à la recherche de ce qui a été enregistré pour en faire quelque chose. Faire un texte. Mais, quelquefois, je me demande comment, quand il est fini, le texte a pu se faire.

— *Un texte qui puisse être compris par les autres ?*
— Un texte qui se mette à exister tout seul. Qu'un lecteur inconnu puisse entrer dedans. Cette idée d'entrer dans un livre n'est pas qu'un cliché. Ouvrir un livre, c'est vraiment pousser une porte et se trouver dans un lieu où il va se passer des choses pour soi. C'est comme ça que je conçois la lecture, et s'il ne se passe rien pour moi, j'oublie très vite le lieu où le livre ne m'a pas emmenée finalement.

Mais, ce que je veux dire, c'est que je ne peux pas saisir exactement comment je suis arrivée au bout d'un texte. Au début, j'ai une perception, une vision du livre, écrire consiste à la réaliser, à l'atteindre, je regarde rarement derrière moi ce qui est déjà écrit. J'avance vers cette vision mais je ne m'en rapproche pas, je ne l'atteins pas. Elle est toujours devant. Simplement, à un moment le livre est fini, il n'y a plus rien à ajouter. Je trouve toujours miraculeux d'avoir réussi à écrire un livre.

Un journal, c'est différent. Tenir un journal consiste en une déposition des jours. Il n'y a pas un travail de construction. C'est la construction qui caractérise les grands écrivains, Proust, naturellement, Flaubert et la construction minutieuse de ses romans. La construction, c'est ce qui rivalise avec le monde et qui crée un autre temps que le temps vécu. Écrire, c'est créer du temps. Celui où va entrer le lecteur. C'est silencieux, là où ça se passe. Quand on y pense c'est extraordinaire. On pourrait le dire pour d'autres arts, bien sûr.

— *Pourriez-vous vivre sans écrire ?*
— Je n'arrive pas à vivre réellement quand je n'ai pas de projet de livre en tête. Ou que ce projet est trop flou. C'est une période de recherches mais ce n'est pas la vraie vie. La vraie vie, c'est quand je suis dans un livre dont je sais que je le finirai. À ce moment-là, j'ai vraiment l'impression de vivre, de vivre bien. Vivre bien c'est vivre toujours avec le livre dans la tête. Tout s'y rapporte. C'est un rapport continuel entre l'écriture du livre et le monde réel. Tout ce qui est entre deux me semble, au fond, l'attente de l'écriture.

Un livre comme *Les années* m'a littéralement

envahie, pendant des années justement. J'étais prisonnière du texte, mais pas du tout avec un sentiment de limitation. Au contraire, de cette emprise venait une sensation de puissance. J'étais dans le lieu où il faut que je sois. Et tant que le livre n'est pas fini, il y a toujours des choses à changer, ajouter, il y a une sorte de perfection à atteindre. C'est un devoir, de l'atteindre. D'où vient ce devoir ? Je n'en sais rien.

Quelquefois je me dis qu'au moment de mourir je penserai peut-être que j'ai tout manqué de la vie à cause de l'écriture. Qu'elle a pris trop d'importance dans ma vie. Que j'ai été incapable de certains désirs simples. Je ne sais pas si cela existe, des désirs simples, mais peut-être que j'aurais pu faire certaines choses que je n'ai pas faites. Par rapport à la vie sociale, à la vie avec les autres. J'ai recherché l'isolement. Je ne sais pas.

— *Alors, l'écriture, ce serait le plus grand bonheur et le plus grand malheur ?*
— Je crois que l'écriture ne peut pas se définir en termes de bonheur ou de malheur. Peut-être en une alternance de désespoir et de contentement. Quand j'ai terminé un texte, je me dis : voilà une bonne chose de faite. J'emploie cette expression banale dans son sens le plus fort, de véritable accomplissement. Une tâche aux contours incertains était devant moi, je suis allée vers elle, je l'ai prise à bras-le-corps et elle est

achevée. Un objet est là, un texte, qui va aller vivre, ou ne pas vivre, c'est selon le lecteur, la lectrice. La grande différence avec la psychanalyse — j'en parle à dessein dans la mesure où l'on m'a souvent dit «ce que vous faites, ça ne serait pas une forme de psychanalyse?» — c'est qu'il s'agit d'un travail effectif, de la construction d'un objet, non d'une parole qui se libère. Au final, qu'est-ce que vous avez obtenu, réalisé quand vous avez fait sept ans de psychanalyse? Vous êtes peut-être mieux, très bien même, vous avez compris des tas de choses vous concernant et vous pouvez partir en sifflotant dans les rues. Vous avez découvert que votre mal-être venait de ceci ou cela. C'est votre affaire à vous seulement. Mais si on passe sept ans sur un livre, qu'on le termine, il y a quelque chose qui existe vraiment dans le monde en dehors de soi. Pour moi, c'est comme si j'avais bâti une maison. Où quelqu'un peut entrer, comme dans sa propre vie à lui.

Quelqu'un qui a été psychanalysé et qui m'explique ce qui lui est arrivé, je peux le comprendre, mais ce n'est pas partageable de la même façon qu'un texte, qu'un livre. L'accomplissement, c'est ça, le partage possible. L'écriture est le lieu de la pire douleur quelquefois, mais aussi de la liberté. D'écrire telle chose ou pas. Même si dans l'écriture j'admets qu'il y a une recherche qui peut parfois s'apparenter à celle de la psychanalyse, je ne comprends pas comment on peut confondre les deux démarches. C'est l'acte que j'aime dans l'écriture. L'écriture n'est pas pour moi une confession, ça n'a rien à voir avec la confession. Ni confession, ni contrition, non, mais élaboration, construction.

J'ai souvent l'impression de vivre le plus souvent sur deux plans. Je vis une vie quotidienne, faite d'obligations familiales, sociales, longtemps professionnelles, puisque j'ai enseigné jusqu'en 2000, mais avec une forme de distance, l'autre vie étant l'écriture du livre à faire ou se faisant. Si la vie quotidienne me demande trop, si elle exige des choses de moi à l'improviste — des choses matérielles, comme un problème d'évier bouché, de paperasserie — ou des obligations liées au statut d'écrivain, des signatures par exemple, j'ai l'impression de déroger à un devoir. Je me dis que je devrais me ficher de tout cela, sacrifier toutes ces prétendues obligations sociales. Je n'y arrive pas toujours, alors je ne suis pas bien, je ne suis nulle part à ce moment-là, ni dans l'écriture, ni dans ce qu'on réclame de moi et que j'accepte. Que j'accepte au nom de quoi ? Peut-être par désir de ne pas être une sauvage. De ne pas vivre sauvagement. J'ai toujours pensé que ne faire qu'écrire conduisait à la folie. Qu'on pouvait très facilement passer une journée sur une phrase et se couper complètement du monde. Ce n'est même pas bon pour l'écriture elle-même.

Finalement, je considère que c'est une chance d'avoir été dans l'obligation de conserver mon métier de prof, d'être restée en contact avec des jeunes. D'avoir eu des enfants, également. Ce que je considérais comme des empêchements m'a permis d'avoir une expérience de la réalité profitable à l'écriture et qui continue de l'être, sans doute. Mais il y a toujours une lutte au quotidien entre la vie et l'écriture.

J'aime bien, avant d'écrire, faire un peu de ménage, ou écrire une lettre qui me paraît urgente, mais tout ce que je fais alors est purement artificiel. J'essuie de la vaisselle, je range du linge, je consulte des mails, mais tout cela n'est que sursis. Je vis sans vivre ce que je suis en train de faire. Dès que je me mets à écrire, le temps n'existe plus, le temps des horloges. Je ne regarde jamais l'heure. J'enlève ma montre et la place hors de ma vue. Cet état-là, il me semble toujours que c'est le seul vrai. Quitte à être très malheureuse trois heures après, en ayant l'impression de ne pas avoir fait grand-chose. Mais ce qui compte, c'est d'être restée là dans cette immersion.

Je n'aime pas parler de ces choses-là parce que ça me paraît affreusement intime. Susceptible de réprobation, même. C'est une attitude sans générosité, qui a à voir avec la mort sociale... C'est refuser le monde pour en construire un autre.

— En somme, être écrivain, comme vous en parlez, c'est un état. Vous dites que même si vous écrivez une heure par jour vous êtes vingt-quatre heures sur vingt-quatre écrivain ?

— Être écrivain, je ne sais pas ce que c'est. Je ne me « pense » pas écrivain. Dans la vie courante, je préfère être regardée comme une personne, une personne sans qualification particulière. Être reconnue, au sens d'identifiée comme la femme qui a écrit tel ou tel livre, abordée dans un supermarché ou ailleurs, me trouble, me gêne énormément. Mais écrire, je sais. C'est un état. Un état de la conscience, particulier, qui fait que je ne peux pas penser comme avant. Quelquefois je me demande : mais comment j'étais avant ? quand je n'avais pas cette obligation, ce désir-là ? Mais à quel moment ? puisque j'ai ce désir depuis l'âge de 20 ans. Il m'est arrivé de le tuer, je me disais : je ne veux plus écrire. Comme après avoir écrit *La femme gelée.* J'ai complètement cessé de le penser. Et c'est peut-être pire.

Très jeune, quand je lisais Proust, Kafka, Virginia Woolf, leur souffrance d'écrire, leurs problèmes d'écriture m'indifféraient. Seul le texte comptait pour moi, pas sa fabrication. Je m'intéresse aux journaux d'écrivains et à leurs interrogations d'écriture seulement depuis que j'écris moi-même. Et je me dis toujours que ce n'est pas spécialement intéressant pour un lecteur de connaître ce que l'écriture représente de contraintes dans la vie quotidienne, ni tous les questionnements qu'elle suscite. C'est très intime, écrire. J'ai toujours caché ce que j'écrivais. Je n'ai jamais montré à personne un manuscrit en cours. Il y a eu un temps où, après avoir fini, je détruisais les brouillons. C'est le cas pour mes trois premiers livres et en partie pour *La place*, dont je n'ai gardé que les ébauches. Seul comptait le texte définitif, à cette époque dactylographié. Je détruisais les traces du travail, de la peine. Je les garde maintenant mais je n'aime toujours pas exposer les souffrances de l'écriture, peut-être parce qu'il y a quelque chose d'indécent là-dedans ? C'est une grande chance d'écrire et d'être publiée, une grande chance de pouvoir faire quelque chose de ce qu'on vit. De ce qui traverse une vie. Ce serait arrogant de prétendre que la souffrance d'écrire — choisie — est de même nature et aussi importante que les souffrances — subies, elles — de beaucoup de gens. Ce n'est pas grand-chose à côté. D'une manière générale, c'est une grande chance d'être un, une intellectuelle, d'ignorer la fatigue physique, le corps déformé par le travail.

— *Mais, cette grande chance, on a l'impression que vous en éprouvez une sorte de culpabilité, assez judéo-chrétienne finalement ?*

— On pourrait voir dans ce que je viens de dire une forme de culpabilité — judéo-chrétienne ou non. En réalité, si j'éprouve une culpabilité, c'est plutôt de ne pas écrire. De ne pas écrire sur ce que je sens que je dois écrire. J'ai ressenti longtemps la culpabilité de ne pas écrire sur ma déchirure sociale, puis sur mon père, sur mon avortement, et le parcours d'une femme dans la seconde moitié du XXe siècle à travers les années. De ne pas écrire *frontalement*. Culpabilité, oui, mais avant d'écrire. Après, après avoir écrit *Les armoires vides*, *La place*, *L'événement*, etc., c'est la conscience de ma chance qui l'emporte, la chance d'avoir réussi à faire ces livres.

Mais comment être sûre qu'il n'y a rien de judéo-chrétien là-dedans... Je pense que tout ce qu'on vit jusqu'à 25 ans laisse des traces indélébiles. La religion catholique a été le cadre de ma jeunesse, avec un enseignement religieux jusqu'à 18 ans, une mère pratiquante à l'extrême. Mais elle ne se contentait pas d'aller à la messe tous les matins, elle avait une grande générosité vis-à-vis des faibles et des démunis. Donner, ma mère aimait donner.

— *Vous aussi d'une certaine manière ? Dans les livres, vos livres ?*
— Je crois que je considère aussi l'écriture un peu comme un don. Mais on ne sait pas ce qu'on donne, on ne sait pas. Ce que les autres vont prendre dans ce qu'on donne. Ils peuvent refuser aussi.

Le passage du temps

— *Annie, dans* Les années, *vous avez réussi à mêler la vie intime d'une femme, votre vie, et aussi l'époque, l'évolution entre la fin de la guerre et maintenant.*

— Quand je pensais à ma vie, vers 40 ans à peu près, je commençais de percevoir avec étonnement les changements qui avaient eu lieu dans le monde, en France, entre l'après-guerre et les années 1980, surtout pour les femmes. Le livre que je devais écrire c'était sur ça, sur le passage du temps, en moi et hors de moi. Au départ, ce passage portait sur trente-cinq ans, mais au fur et à mesure que je mettais moi-même du temps à écrire, la période à décrire s'allongeait d'autant. Quand je m'y suis mise vraiment, c'était plus de cinquante ans de vie française qu'il me fallait reparcourir. Avec ma mémoire du temps, non pas la mémoire centrée sur moi-même. Parce qu'on ne se souvient pas de soi tout seul. On se souvient de soi dans des situations, dans un certain milieu. On se souvient de soi avec des gens, avec des chansons, des objets, dans des scènes qui marquent le passage du temps. Je me disais que je ne sauverais pas quelque chose de ma vie — on ne peut pas la saisir en totalité — sans sauver en même temps tout ce qui avait eu lieu depuis le moment où j'arrive à la conscience, dans l'après-guerre, jusqu'à aujourd'hui. Un aujourd'hui qui a été finalement 2007, l'année où j'ai fini le livre.

L'enjeu, c'était vraiment de saisir cette évolution du monde qui en cinquante ans a basculé de façon extraordinaire pour les hommes et les femmes de ma génération. Le mode de vie du début des années 1950 ressemble beaucoup à celui de mes parents, et même de mes grands-parents. On vivait encore d'une certaine façon dans l'avant-guerre. Si l'on compare les villes, l'intérieur des maisons, la différence est certainement plus grande entre 1950 et 2000 qu'entre 1850 et 1950. Le changement n'est pas dans les choses seulement, il est dans la manière de penser, dans le langage. La vision de l'avenir elle-même s'est modifiée.

D'un point de vue historique, je me suis placée uniquement dans la conscience qu'on pouvait avoir eue des événements, en tant que personne ordinaire, emportée dans le flux de l'Histoire. En aucune manière dans la mémoire des historiens, que ce soit pour la perception des années de Gaulle, Mitterrand, ou de Mai 68. Retrouver dans une mémoire individuelle la mémoire collective. Décrire *le passage* de l'Histoire en nous. Qui ne s'arrête jamais. Lorsque j'ai achevé le livre en 2007, j'ai eu conscience d'interrompre simplement un processus d'écriture tandis que le monde, lui, continuait. D'où une sorte de tristesse en quittant ce livre. Auquel je n'avais pas l'intention de donner une suite. Un livre, c'est une totalité fermée, ça ne se continue pas.

Dans *Les années*, il y a une espèce de transsubstantiation continuelle entre les individus — « elle », « nous » — et la société. S'il y a une chose dont je suis certaine, c'est que nous ne sommes pas des solitudes communiquant plus ou moins les unes avec les autres par le langage. Les autres sont en nous, toujours, d'une façon ou d'une autre. Par l'éducation transmise, par exemple, mais aussi par tout ce qui circule dans une époque et qui nous imprègne, quel que soit notre âge. Lorsque j'avais 10 ans, le passé des autres, la guerre de 39-45 notamment, était présent en moi par les récits qui m'en étaient faits tout autant que par les images de bombardements et de ruines que j'en avais gardées réellement. La vie des gens au début du XXe siècle, le Front populaire, tout cela que je n'ai jamais vu, ces mêmes récits m'ont donné une mémoire imaginée de ce temps d'avant. C'est le temps ressenti, le reflet du monde des années 1950 à 2000 dans une mémoire de femme qui est la matière des *Années*. Dans un récit sans rupture, d'une coulée, parce que ni le temps ni la mémoire ne s'arrêtent jamais. C'est ce flux qu'il m'importait de dire, en commençant par les années 1950 où tout est si lent, où le silence domine, il y a peu de voitures, peu de télévisions, pour arriver sans rupture — parce qu'il n'y a jamais de rupture totale, même pas en 68 — jusqu'à ce temps où nous sommes, celui de la consommation, de l'abondance. Dont on ne profite pas tous, loin s'en faut, mais qui est le décor de nos vies.

Ce qu'il me semblait important aussi de saisir, c'était l'évolution de la représentation de l'avenir, de l'image qu'on se fait de l'avenir en général. Dans les années 1950 et 1960, les jeunes incarnent l'avenir, portent par leur existence même l'image d'un futur. Et progressivement se sont effacées cette ardeur, cette curiosité et cette espérance que représentent les générations futures. Leur ont succédé un vieillissement généralisé, une frilosité, une peur de l'autre très frappante, qui n'a cessé de s'aggraver. La peur de l'étranger. Le temps, tel que nous le présentent les livres d'histoire, ou la télévision avec ses docufictions et ses tableaux d'une décennie, n'est pas celui de l'individu. Pas du tout. On est toujours plus ou moins en décalage avec l'époque et je voulais montrer cela aussi, comment on peut penser différemment de l'opinion dominante tout en faisant complètement partie de la société de son temps. L'absence d'adjectif pour qualifier *Les années* signifie que celles-ci ne sauraient être définies, définissables. Il y a seulement des existences qui avancent, se recouvrent par les âges. La mienne, celle des autres.

Je ne voulais pas faire un livre d'histoire, ni même de mémoire, mais rendre le passé comme il était quand il était un présent, c'est-à-dire simplement une sensation. Ainsi, ce qu'on ressentait un mois avant 68. Où on ne ressentait rien, évidemment. Et ce rien même est important. C'est avec la mémoire des sensations successives du présent que j'ai écrit *Les années*. Ce livre, en réalité, n'est fait que de souvenirs de sensations.

— *En lisant* Les années, *on se rend compte de la rapidité avec laquelle le mode de vie a changé, du peu de choses d'autrefois au trop-plein actuel.*

— Jusqu'aux années 1960, les gens vivaient dans une relative rareté de tout. De nourriture, de vêtements, d'objets. On ne jetait pas, ni le pain, ni les chaussettes trouées, qu'on reprisait, les bas, qu'on faisait remmailler. Tout « faisait de l'usage ». Il y avait aussi la rareté des choix de vie, des morales. J'ai l'impression d'avoir vécu dans un monde étroit quand j'étais enfant. Les langages n'étaient pas multiples. Il y avait celui de la religion, de l'école, celui de la radio. Tout va éclater à partir des années 1970 et nous sommes arrivés dans une surabondance accompagnée d'anomie, c'est-à-dire la difficulté de mettre du sens sur les choses, sur les conduites. Mais mon projet n'a pas été de faire un tableau pessimiste, personnellement, cette évolution ne m'attriste pas, et s'il y a une chose qui me paraît impossible à imaginer, c'est un retour en arrière. Sans doute, les dernières pages des *Années* ne laissent pas présager des lendemains qui chantent. Mais même ça, cette expression «les lendemains qui chantent», appartient aussi au passé.

Vous savez, on ne pense pas autrement qu'avec des mots. Et les mots pour penser le monde aujourd'hui, je ne les aime pas, ce sont les mots de la consommation, les mots du libéralisme. Des mots qui ostracisent aussi les nouveaux arrivants de la société française de manière à les écarter. On a parlé des cités, ensuite des quartiers, puis des zones sensibles. Des mots pour séparer. À cette heure où nous parlons, il est vrai que je m'inquiète, oui, de l'évolution des mentalités de manière générale. De la pénétration dans les consciences, dans le langage, d'une forme de repli sur... allez, je vais lâcher le mot, celui que je récuse toujours, l'identité. L'identité française. Je ne sais pas ce que ça signifie, l'identité. La langue française, oui, la mémoire française, aussi, parce qu'on a été traversés par les mêmes choses, mais pas l'identité française.

Il est certain que, ces vingt dernières années, se sont accrues l'injustice sociale, la séparation entre les modes de vie, la différence des espérances entre les jeunes. Les jeunes sont les grands sacrifiés de ce début de troisième millénaire. Ils ne le savent pas suffisamment. On ne parle que des personnes âgées. C'est la fin d'un parcours d'être âgé, mais le début alors ? N'est-il pas primordial ? L'éducation, les études, les possibilités d'entrer dans le monde avec un travail qui ne soit pas seulement un gagne-pain — lequel n'est même plus assuré — c'est tout cela qui est en question. Il y a un manque d'espérance pour la jeunesse, dans la jeunesse. Après 68, dans les années 1970, elle fait peur. Peur au gouvernement gaulliste, peur à Marcellin, le ministre de l'Intérieur de triste mémoire. Au moins cela montre qu'elle existe. Maintenant, c'est comme si d'une certaine manière elle n'existait pas. Qu'il n'y avait pas de place pour elle.

Aujourd'hui, dans les collèges, on parle avant tout de sécurité. D'autorité à restaurer, de transmission d'héritage, d'excellence, comme si la petite partie de la jeunesse qui fréquente les lycées des centres-villes était l'étalon de la réussite à viser. L'élimination progressive des enfants des classes populaires hors du circuit scolaire n'a jamais cessé, finalement, et sans qu'on fasse autre chose que de le déplorer.

L'année dernière, je suis allée au lycée de Cergy dans des classes de 1re, en sciences économiques et sociales, des classes hétérogènes par l'origine ethnique. Ce qui m'a frappée, c'est le désir des jeunes d'apprendre, leur enthousiasme. Ils posaient des questions pertinentes, ils ont écrit ensuite des « choses vues » ici et maintenant très intéressantes. Ces élèves arrivés jusqu'en 1re sont déjà des transfuges sociaux comme je l'ai été. Mais leur parcours sera plus difficile qu'il ne l'a été pour moi. Ils vont sortir avec un bac, peut-être commencer d'autres études, et au bout quel travail ? Il y a une discrimination, non dite, réelle, à l'encontre des jeunes issus de l'immigration. Dans les années 1950 et 1960, réussir par les études quand on était enfant de paysans, d'ouvriers ou de petits commerçants, c'était difficile, pour les enfants de parents d'origine étrangère, ça l'est encore plus. Il y a belle lurette que l'école n'est plus une priorité politique.

Le vrai lieu

— *En vous écoutant, on ne sait pas si votre vision du monde actuel est pessimiste ou optimiste…*
— Les termes d'optimisme et de pessimisme sont des mots de sondage, ils n'ont pas de contenu à mes yeux. La seule question, c'est «qu'est-ce qu'on fait?». Bien sûr, on peut se résigner ou jouir du monde seulement, c'est la position esthète, faisons notre petit bonheur, notre petit trou dans le monde, c'est autant de gagné. On peut très bien vivre comme ça, sans doute, mais je n'en ai pas envie, ni envie que les gens que j'aime vivent ainsi. Plutôt, se demander: qu'est-ce qu'on peut changer? Tout en sachant bien qu'on ne part jamais de zéro, qu'il faudrait en finir avec l'idée de rupture radicale.

— *Que voyez-vous comme action possible?*
— En ce qui me concerne, il est vrai que je ne vois pas autre chose qu'écrire. J'ai toujours senti qu'écrire était intervenir dans le monde. Mais comment? Sûrement pas avec des essais mili-

tants. Il me semble plutôt que je dois partir de situations qui m'ont marquée profondément et, comme avec un couteau — c'est toujours cette image-là qui me vient — creuser, élargir la plaie, hors de moi. Je me suis toujours révoltée contre l'assimilation de ma démarche d'écriture à l'autofiction parce que dans le terme même il y a quelque chose de replié sur soi, de fermé au monde. Je n'ai jamais eu envie que le livre soit une chose personnelle. Ce n'est pas parce que les choses me sont arrivées à moi que je les écris, c'est parce qu'elles sont arrivées, qu'elles ne sont donc pas uniques. Dans *La honte*, *La place*, *Passion simple*, ce n'est pas la particularité d'une expérience que j'ai voulu saisir mais sa généralité indicible. Quand l'indicible devient écriture, c'est politique. Bien sûr, on vit les choses personnellement. Personne ne les vit à votre place. Mais il ne faut pas les écrire de façon qu'elles ne soient que pour soi. Il faut qu'elles soient transpersonnelles, c'est ça. Et c'est ce qui permet de s'interroger sur soi-même, de vivre autrement, d'être heureux aussi. La littérature peut rendre heureux.

Cela dit, je ne sais pas du tout comment mes livres agissent. Mais je ne peux pas écrire sans cette pensée d'être utile.

Intervenir dans le monde pour le changer, si peu que ce soit, ce n'est pas affaire de choses à dire, de « sujets » — quoique ça en fasse partie bien entendu, choisir d'écrire sur les passagers du RER n'a pas le même sens que d'écrire sur les promeneurs du jardin du Luxembourg. C'est une question de forme. Je l'ai su d'emblée en commençant *Les armoires vides*. Il fallait que l'écriture porte cette violence longue et invisible qui s'est exercée sur la narratrice, Denise, au travers de l'enseignement, de la honte. Il fallait que la violence de la langue soit la réponse à cette violence feutrée de la domination culturelle. Intervenir dans le monde pour moi à ce moment-là, c'était dévoiler la séparation entre les milieux sociaux en retrouvant la force et la « vulgarité » du langage d'origine.

J'ai mis plus de temps pour découvrir la forme de *La place*, cette écriture factuelle des choses, qui n'est au fond que de la violence rentrée et non plus exhibée comme dans *Les armoires vides*, une violence d'autant plus agissante, je crois, que l'écriture se contente de montrer les faits, sans commenter. Quand j'écrivais ce livre sur mon père, j'ai revu *La strada*, et je désirais plus que tout atteindre ce dépouillement qui provoque tant d'émotion sans jamais la dire.

C'est la forme qui bouscule, qui fait voir les choses autrement. Vous ne pouvez pas faire voir autrement avec des formes anciennes, préétablies. Il y a eu toute une littérature réaliste d'inspiration communiste dans les années 1950 et 1960 — André Stil par exemple — une littérature sans recherche du tout, qui par là se condamnait elle-même à n'avoir aucune influence. À la fin du

Temps retrouvé, Proust écrit que, comme Elstir par rapport à Chardin, «on ne peut refaire ce qu'on aime qu'en le renonçant». Il faut faire autrement que les écrivains qu'on admire.

C'est évidemment en soi qu'on trouve, dans sa singularité. Qu'on change la tradition tout en s'inscrivant dans le passé littéraire. J'ai conscience de ne pas être dans une rupture totale avec ce qui précède, ça n'existe pas. Je suis héritière de l'histoire littéraire. Et, en commençant d'écrire, dans les années 1960, je m'inscrivais dans la mouvance du Nouveau Roman. Dans les années 1970, les mouvements de femmes, même si je n'en faisais pas effectivement partie, constituaient un moteur, une incitation à écrire sur soi. Écrire n'est pas une activité miraculeusement séparée des autres. C'est une chose de tout à fait solitaire en pratique, mais qui a forcément des liens avec l'époque, avec les autres gens qui écrivent. Mais plus on écrit, plus on cesse d'être environné par l'écriture des autres.

Maintenant, j'ai l'impression de creuser le même trou. Il me semble que mes livres sont différents mais que quelque chose les unit. Je ne suis pas forcément la mieux placée pour voir ce qui les unit, pour savoir ce que sont mes livres. Ni même pour en parler ! Un jour, c'était à Prague, à la fin d'une conférence, j'ai surpris des propos du conseiller culturel qui m'avait invitée. Il disait «elle ne sait pas du tout parler de ses livres». Il avait sans doute raison, c'est difficile pour moi d'en parler, surtout pour les rendre avenants. Dire ce qu'est pour moi l'écriture, j'y arrive un peu plus. Parce que, si on me pousse dans mes derniers retranchements, c'est tout de même là où j'ai l'impression d'être le plus. Mon vrai lieu.

Avant-propos	9
Paris, je n'y entrerai jamais	13
J'ai toujours été entre deux	21
Ma mère, c'est le feu	33
Le livre était un objet sacré	47
Je ne suis pas une femme qui écrit, je suis quelqu'un qui écrit	55
Sortir des pierres du fond d'une rivière	67
Dans le vif	79
Écrire c'est un état	85
Le passage du temps	97
Le vrai lieu	105

DES MÊMES AUTEURS

ANNIE ERNAUX

Prix Marguerite Yourcenar 2017
pour l'ensemble de son œuvre

Aux Éditions Gallimard

LES ARMOIRES VIDES («Folio» n° 1600).

CE QU'ILS DISENT OU RIEN («Folio» n° 2010).

LA FEMME GELÉE («Folio» n° 1818).

LA PLACE («Folio» n° 1722; «Folio Plus» n° 25, dossier réalisé par Marie-France Savéan; «Folioplus classiques» n° 61, dossier réalisé par Pierre-Louis Fort, lecture d'image par Olivier Tomasini).

LA PLACE – UNE FEMME («Foliothèque» n° 36, étude critique et dossier réalisés par Marie-France Savéan).

UNE FEMME («Folio» n° 2121; «La Bibliothèque Gallimard» n° 88, accompagnement critique par Pierre-Louis Fort).

PASSION SIMPLE («Folio» n° 2545).

JOURNAL DU DEHORS («Folio» n° 2693).

«JE NE SUIS PAS SORTIE DE MA NUIT» («Folio» n° 3155).

LA HONTE («Folio» n° 3154).

L'ÉVÉNEMENT («Folio» n° 3556).

LA VIE EXTÉRIEURE («Folio» n° 3557).

SE PERDRE («Folio» n° 3712).

L'OCCUPATION («Folio» n° 3902).

L'USAGE DE LA PHOTO, en collaboration avec Marc Marie («Folio» n° 4397).

LES ANNÉES («Folio» n° 5000).

ÉCRIRE LA VIE («Quarto»).

LE VRAI LIEU, entretiens avec Michelle Porte («Folio» n° 6449).
MÉMOIRE DE FILLE («Folio» n° 6448).

Dans la collection « Écoutez lire »
LES ANNÉES.
MÉMOIRE DE FILLE.

Aux Éditions Stock

L'ÉCRITURE COMME UN COUTEAU, entretiens avec Frédéric-Yves Jeannet («Folio» n° 5304).

Aux Éditions Nil

L'AUTRE FILLE.

Aux Éditions Busclats

L'ATELIER NOIR.

Aux Éditions Mauconduit

RETOUR À YVETOT.

Aux Éditions du Seuil

REGARDE LES LUMIÈRES, MON AMOUR («Folio» n° 6133, postface inédite de l'auteur).

MICHELLE PORTE

LES LIEUX DE MARGUERITE DURAS, entretiens avec Marguerite Duras, Les Éditions de Minuit.

COLLECTION FOLIO

Dernières parutions

6027. Italo Calvino — *Marcovaldo* (à paraître)
6028. Erri De Luca — *Le tort du soldat*
6029. Slobodan Despot — *Le miel*
6030. Arthur Dreyfus — *Histoire de ma sexualité*
6031. Claude Gutman — *La loi du retour*
6032. Milan Kundera — *La fête de l'insignifiance*
6033. J.M.G. Le Clezio — *Tempête* (à paraître)
6034. Philippe Labro — *« On a tiré sur le Président »*
6035. Jean-Noël Pancrazi — *Indétectable*
6036. Frédéric Roux — *La classe et les vertus*
6037. Jean-Jacques Schuhl — *Obsessions*
6038. Didier Daeninckx – Tignous — *Corvée de bois*
6039. Reza Aslan — *Le Zélote*
6040. Jane Austen — *Emma*
6041. Diderot — *Articles de l'Encyclopédie*
6042. Collectif — *Joyeux Noël*
6043. Tignous — *Tas de riches*
6044. Tignous — *Tas de pauvres*
6045. Posy Simmonds — *Literary Life*
6046. William Burroughs — *Le festin nu*
6047. Jacques Prévert — *Cinéma* (à paraître)
6048. Michèle Audin — *Une vie brève*
6049. Aurélien Bellanger — *L'aménagement du territoire*
6050. Ingrid Betancourt — *La ligne bleue*
6051. Paule Constant — *C'est fort la France !*
6052. Elena Ferrante — *L'amie prodigieuse*
6053. Éric Fottorino — *Chevrotine*
6054. Christine Jordis — *Une vie pour l'impossible*
6055. Karl Ove Knausgaard — *Un homme amoureux, Mon combat II*

6056.	Mathias Menegoz	*Karpathia*
6057.	Maria Pourchet	*Rome en un jour*
6058.	Pascal Quignard	*Mourir de penser*
6059.	Éric Reinhardt	*L'amour et les forêts*
6060.	Jean-Marie Rouart	*Ne pars pas avant moi*
6061.	Boualem Sansal	*Gouverner au nom d'Allah* (à paraître)
6062.	Leïla Slimani	*Dans le jardin de l'ogre*
6063.	Henry James	*Carnets*
6064.	Voltaire	*L'Affaire Sirven*
6065.	Voltaire	*La Princesse de Babylone*
6066.	William Shakespeare	*Roméo et Juliette*
6067.	William Shakespeare	*Macbeth*
6068.	William Shakespeare	*Hamlet*
6069.	William Shakespeare	*Le Roi Lear*
6070.	Alain Borer	*De quel amour blessée* (à paraître)
6071.	Daniel Cordier	*Les feux de Saint-Elme*
6072.	Catherine Cusset	*Une éducation catholique*
6073.	Eugène Ébodé	*La Rose dans le bus jaune*
6074.	Fabienne Jacob	*Mon âge*
6075.	Hedwige Jeanmart	*Blanès*
6076.	Marie-Hélène Lafon	*Joseph*
6077.	Patrick Modiano	*Pour que tu ne te perdes pas dans le quartier*
6078.	Olivia Rosenthal	*Mécanismes de survie en milieu hostile*
6079.	Robert Seethaler	*Le tabac Tresniek*
6080.	Taiye Selasi	*Le ravissement des innocents*
6081.	Joy Sorman	*La peau de l'ours*
6082.	Claude Gutman	*Un aller-retour*
6083.	Anonyme	*Saga de Hávardr de l'Ísafjördr*
6084.	René Barjavel	*Les enfants de l'ombre*
6085.	Tonino Benacquista	*L'aboyeur*
6086.	Karen Blixen	*Histoire du petit mousse*
6087.	Truman Capote	*La guitare de diamants*
6088.	Collectif	*L'art d'aimer*
6089.	Jean-Philippe Jaworski	*Comment Blandin fut perdu*

6090.	D.A.F. de Sade	*L'Heureuse Feinte*
6091.	Voltaire	*Le taureau blanc*
6092.	Charles Baudelaire	*Fusées – Mon cœur mis à nu*
6093.	Régis Debray – Didier Lescri	*La laïcité au quotidien. Guide pratique*
6094.	Salim Bachi	*Le consul* (à paraître)
6095.	Julian Barnes	*Par la fenêtre*
6096.	Sophie Chauveau	*Manet, le secret*
6097.	Frédéric Ciriez	*Mélo*
6098.	Philippe Djian	*Chéri-Chéri*
6099.	Marc Dugain	*Quinquennat*
6100.	Cédric Gras	*L'hiver aux trousses. Voyage en Russie d'Extrême-Orient*
6101.	Célia Houdart	*Gil*
6102.	Paulo Lins	*Depuis que la samba est samba*
6103.	Francesca Melandri	*Plus haut que la mer*
6104.	Claire Messud	*La Femme d'En Haut*
6105.	Sylvain Tesson	*Berezina*
6106.	Walter Scott	*Ivanhoé*
6107.	Épictète	*De l'attitude à prendre envers les tyrans*
6108.	Jean de La Bruyère	*De l'homme*
6109.	Lie-tseu	*Sur le destin*
6110.	Sénèque	*De la constance du sage*
6111.	Mary Wollstonecraft	*Défense des droits des femmes*
6112.	Chimamanda Ngozi Adichie	*Americanah*
6113.	Chimamanda Ngozi Adichie	*L'hibiscus pourpre*
6114.	Alessandro Baricco	*Trois fois dès l'aube*
6115.	Jérôme Garcin	*Le voyant*
6116.	Charles Haquet – Bernard Lalanne	*Procès du grille-pain et autres objets qui nous tapent sur les nerfs*

6117. Marie-Laure Hubert Nasser — *La carapace de la tortue*
6118. Kazuo Ishiguro — *Le géant enfoui*
6119. Jacques Lusseyran — *Et la lumière fut*
6120. Jacques Lusseyran — *Le monde commence aujourd'hui*
6121. Gilles Martin-Chauffier — *La femme qui dit non*
6122. Charles Pépin — *La joie*
6123. Jean Rolin — *Les événements*
6124. Patti Smith — *Glaneurs de rêves*
6125. Jules Michelet — *La Sorcière*
6126. Thérèse d'Avila — *Le Château intérieur*
6127. Nathalie Azoulai — *Les manifestations*
6128. Rick Bass — *Toute la terre qui nous possède*
6129. William Fiennes — *Les oies des neiges*
6130. Dan O'Brien — *Wild Idea*
6131. François Suchel — *Sous les ailes de l'hippocampe. Canton-Paris à vélo*
6132. Christelle Dabos — *Les fiancés de l'hiver. La Passe-miroir, Livre 1*
6133. Annie Ernaux — *Regarde les lumières mon amour*
6134. Isabelle Autissier – Erik Orsenna — *Passer par le Nord. La nouvelle route maritime*
6135. David Foenkinos — *Charlotte*
6136. Yasmina Reza — *Une désolation*
6137. Yasmina Reza — *Le dieu du carnage*
6138. Yasmina Reza — *Nulle part*
6139. Larry Tremblay — *L'orangeraie*
6140. Honoré de Balzac — *Eugénie Grandet*
6141. Dôgen — *La Voie du zen. Corps et esprit*
6142. Confucius — *Les Entretiens*
6143. Omar Khayyâm — *Vivre te soit bonheur ! Cent un quatrains de libre pensée*

6144.	Marc Aurèle	*Pensées. Livres VII-XII*
6145.	Blaise Pascal	*L'homme est un roseau pensant. Pensées (liasses I-XV)*
6146.	Emmanuelle Bayamack-Tam	*Je viens*
6147.	Alma Brami	*J'aurais dû apporter des fleurs*
6148.	William Burroughs	*Junky* (à paraître)
6149.	Marcel Conche	*Épicure en Corrèze*
6150.	Hubert Haddad	*Théorie de la vilaine petite fille*
6151.	Paula Jacques	*Au moins il ne pleut pas*
6152.	László Krasznahorkai	*La mélancolie de la résistance*
6153.	Étienne de Montety	*La route du salut*
6154.	Christopher Moore	*Sacré Bleu*
6155.	Pierre Péju	*Enfance obscure*
6156.	Grégoire Polet	*Barcelona !*
6157.	Herman Raucher	*Un été 42*
6158.	Zeruya Shalev	*Ce qui reste de nos vies*
6159.	Collectif	*Les mots pour le dire. Jeux littéraires*
6160.	Théophile Gautier	*La Mille et Deuxième Nuit*
6161.	Roald Dahl	*À moi la vengeance S.A.R.L.*
6162.	Scholastique Mukasonga	*La vache du roi Musinga*
6163.	Mark Twain	*À quoi rêvent les garçons*
6164.	Anonyme	*Les Quinze Joies du mariage*
6165.	Elena Ferrante	*Les jours de mon abandon*
6166.	Nathacha Appanah	*En attendant demain*
6167.	Antoine Bello	*Les producteurs*
6168.	Szilárd Borbély	*La miséricorde des cœurs*
6169.	Emmanuel Carrère	*Le Royaume*
6170.	François-Henri Désérable	*Évariste*
6171.	Benoît Duteurtre	*L'ordinateur du paradis*
6172.	Hans Fallada	*Du bonheur d'être morphinomane*
6173.	Frederika Amalia Finkelstein	*L'oubli*

6174.	Fabrice Humbert	*Éden Utopie*
6175.	Ludmila Oulitskaïa	*Le chapiteau vert*
6176.	Alexandre Postel	*L'ascendant*
6177.	Sylvain Prudhomme	*Les grands*
6178.	Oscar Wilde	*Le Pêcheur et son Âme*
6179.	Nathacha Appanah	*Petit éloge des fantômes*
6180.	Arthur Conan Doyle	*La maison vide* précédé du *Dernier problème*
6181.	Sylvain Tesson	*Le téléphérique*
6182.	Léon Tolstoï	*Le cheval* suivi d'*Albert*
6183.	Voisenon	*Le sultan Misapouf et la princesse Grisemine*
6184.	Stefan Zweig	*Était-ce lui ?* précédé d'*Un homme qu'on n'oublie pas*
6185.	Bertrand Belin	*Requin*
6186.	Eleanor Catton	*Les Luminaires*
6187.	Alain Finkielkraut	*La seule exactitude*
6188.	Timothée de Fombelle	*Vango, I. Entre ciel et terre*
6189.	Iegor Gran	*La revanche de Kevin*
6190.	Angela Huth	*Mentir n'est pas trahir*
6191.	Gilles Leroy	*Le monde selon Billy Boy*
6192.	Kenzaburô Ôé	*Une affaire personnelle*
6193.	Kenzaburô Ôé	*M/T et l'histoire des merveilles de la forêt*
6194.	Arto Paasilinna	*Moi, Surunen, libérateur des peuples opprimés*
6195.	Jean-Christophe Rufin	*Check-point*
6196.	Jocelyne Saucier	*Les héritiers de la mine*
6197.	Jack London	*Martin Eden*
6198.	Alain	*Du bonheur et de l'ennui*
6199.	Anonyme	*Le chemin de la vie et de la mort*
6200.	Cioran	*Ébauches de vertige*
6201.	Épictète	*De la liberté*
6202.	Gandhi	*En guise d'autobiographie*
6203.	Ugo Bienvenu	*Sukkwan Island*
6204.	Moynot – Némirovski	*Suite française*
6205.	Honoré de Balzac	*La Femme de trente ans*

6206. Charles Dickens — *Histoires de fantômes*
6207. Erri De Luca — *La parole contraire*
6208. Hans Magnus Enzensberger — *Essai sur les hommes de la terreur*
6209. Alain Badiou – Marcel Gauchet — *Que faire ?*
6210. Collectif — *Paris sera toujours une fête*
6211. André Malraux — *Malraux face aux jeunes*
6212. Saul Bellow — *Les aventures d'Augie March*
6213. Régis Debray — *Un candide à sa fenêtre. Dégagements II*
6214. Jean-Michel Delacomptée — *La grandeur. Saint-Simon*
6215. Sébastien de Courtois — *Sur les fleuves de Babylone, nous pleurions. Le crépuscule des chrétiens d'Orient*
6216. Alexandre Duval-Stalla — *André Malraux - Charles de Gaulle : une histoire, deux légendes*
6217. David Foenkinos — *Charlotte*, avec des gouaches de Charlotte Salomon
6218. Yannick Haenel — *Je cherche l'Italie*
6219. André Malraux — *Lettres choisies 1920-1976*
6220. François Morel — *Meuh !*
6221. Anne Wiazemsky — *Un an après*
6222. Israël Joshua Singer — *De fer et d'acier*
6223. François Garde — *La baleine dans tous ses états*
6224. Tahar Ben Jelloun — *Giacometti, la rue d'un seul*
6225. Augusto Cruz — *Londres après minuit*
6226. Philippe Le Guillou — *Les années insulaires*
6227. Bilal Tanweer — *Le monde n'a pas de fin*
6228. Madame de Sévigné — *Lettres choisies*
6229. Anne Berest — *Recherche femme parfaite*
6230. Christophe Boltanski — *La cache*
6231. Teresa Cremisi — *La Triomphante*

6232.	Elena Ferrante	*Le nouveau nom.* *L'amie prodigieuse, II*
6233.	Carole Fives	*C'est dimanche et je n'y suis pour rien*
6234.	Shilpi Somaya Gowda	*Un fils en or*
6235.	Joseph Kessel	*Le coup de grâce*
6236.	Javier Marías	*Comme les amours*
6237.	Javier Marías	*Dans le dos noir du temps*
6238.	Hisham Matar	*Anatomie d'une disparition*
6239.	Yasmina Reza	*Hammerklavier*
6240.	Yasmina Reza	*« Art »*
6241.	Anton Tchékhov	*Les méfaits du tabac* et autres pièces en un acte
6242.	Marcel Proust	*Journées de lecture*
6243.	Franz Kafka	*Le Verdict – À la colonie pénitentiaire*
6244.	Virginia Woolf	*Nuit et jour*
6245.	Joseph Conrad	*L'associé*
6246.	Jules Barbey d'Aurevilly	*La Vengeance d'une femme* précédé du *Dessous de cartes d'une partie de whist*
6247.	Victor Hugo	*Le Dernier Jour d'un Condamné*
6248.	Victor Hugo	*Claude Gueux*
6249.	Victor Hugo	*Bug-Jargal*
6250.	Victor Hugo	*Mangeront-ils ?*
6251.	Victor Hugo	*Les Misérables. Une anthologie*
6252.	Victor Hugo	*Notre-Dame de Paris. Une anthologie*
6253.	Éric Metzger	*La nuit des trente*
6254.	Nathalie Azoulai	*Titus n'aimait pas Bérénice*
6255.	Pierre Bergounioux	*Catherine*
6256.	Pierre Bergounioux	*La bête faramineuse*
6257.	Italo Calvino	*Marcovaldo*
6258.	Arnaud Cathrine	*Pas exactement l'amour*
6259.	Thomas Clerc	*Intérieur*
6260.	Didier Daeninckx	*Caché dans la maison des fous*
6261.	Stefan Hertmans	*Guerre et Térébenthine*

6262.	Alain Jaubert	*Palettes*
6263.	Jean-Paul Kauffmann	*Outre-Terre*
6264.	Jérôme Leroy	*Jugan*
6265.	Michèle Lesbre	*Chemins*
6266.	Raduan Nassar	*Un verre de colère*
6267.	Jón Kalman Stefánsson	*D'ailleurs, les poissons n'ont pas de pieds*
6268.	Voltaire	*Lettres choisies*
6269.	Saint Augustin	*La Création du monde et le Temps*
6270.	Machiavel	*Ceux qui désirent acquérir la grâce d'un prince...*
6271.	Ovide	*Les remèdes à l'amour* suivi de *Les Produits de beauté pour le visage de la femme*
6272.	Bossuet	*Sur la brièveté de la vie et autres sermons*
6273.	Jessie Burton	*Miniaturiste*
6274.	Albert Camus – René Char	*Correspondance 1946-1959*
6275.	Erri De Luca	*Histoire d'Irène*
6276.	Marc Dugain	*Ultime partie. Trilogie de L'emprise, III*
6277.	Joël Egloff	*J'enquête*
6278.	Nicolas Fargues	*Au pays du p'tit*
6279.	László Krasznahorkai	*Tango de Satan*
6280.	Tidiane N'Diaye	*Le génocide voilé*
6281.	Boualem Sansal	*2084. La fin du monde*
6282.	Philippe Sollers	*L'École du Mystère*
6283.	Isabelle Sorente	*La faille*
6285.	Jules Michelet	*Jeanne d'Arc*
6286.	Collectif	*Les écrivains engagent le débat. De Mirabeau à Malraux, 12 discours d'hommes de lettres à l'Assemblée nationale*
6287.	Alexandre Dumas	*Le Capitaine Paul*
6288.	Khalil Gibran	*Le Prophète*

6289. François Beaune — *La lune dans le puits*
6290. Yves Bichet — *L'été contraire*
6291. Milena Busquets — *Ça aussi, ça passera*
6292. Pascale Dewambrechies — *L'effacement*
6293. Philippe Djian — *Dispersez-vous, ralliez-vous !*
6294. Louisiane C. Dor — *Les méduses ont-elles sommeil ?*
6295. Pascale Gautier — *La clef sous la porte*
6296. Laïa Jufresa — *Umami*
6297. Héléna Marienské — *Les ennemis de la vie ordinaire*
6298. Carole Martinez — *La Terre qui penche*
6299. Ian McEwan — *L'intérêt de l'enfant*
6300. Edith Wharton — *La France en automobile*
6301. Élodie Bernard — *Le vol du paon mène à Lhassa*
6302. Jules Michelet — *Journal*
6303. Sénèque — *De la providence*
6304. Jean-Jacques Rousseau — *Le chemin de la perfection vous est ouvert...*
6305. Henry David Thoreau — *De la simplicité !*
6306. Érasme — *Complainte de la paix*
6307. Vincent Delecroix/Philippe Forest — *Le deuil. Entre le chagrin et le néant*
6308. Olivier Bourdeaut — *En attendant Bojangles*
6309. Astrid Éliard — *Danser*
6310. Romain Gary — *Le Vin des morts*
6311. Ernest Hemingway — *Les aventures de Nick Adams*
6312. Ernest Hemingway — *Un chat sous la pluie*
6313. Vénus Khoury-Ghata — *La femme qui ne savait pas garder les hommes*
6314. Camille Laurens — *Celle que vous croyez*
6315. Agnès Mathieu-Daudé — *Un marin chilien*
6316. Alice McDermott — *Somenone*
6317. Marisha Pessl — *Intérieur nuit*
6318. Mario Vargas Llosa — *Le héros discret*
6319. Emmanuel Bove — *Bécon-les-Bruyères* suivi du *Retour de l'enfant*
6320. Dashiell Hammett — *Tulip*
6321. Stendhal — *L'abbesse de Castro*

6322.	Marie-Catherine Hecquet	*Histoire d'une jeune fille sauvage trouvée dans les bois à l'âge de dix ans*
6323.	Gustave Flaubert	*Le Dictionnaire des idées reçues*
6324.	F. Scott Fitzgerald	*Le réconciliateur* suivi de *Gretchen au bois dormant*
6325.	Madame de Staël	*Delphine*
6326.	John Green	*Qui es-tu Alaska ?*
6327.	Pierre Assouline	*Golem*
6328.	Alessandro Baricco	*La Jeune Épouse*
6329.	Amélie de Bourbon Parme	*Le secret de l'empereur*
6330.	Dave Eggers	*Le Cercle*
6331.	Tristan Garcia	*7. romans*
6332.	Mambou Aimée Gnali	*L'or des femmes*
6333.	Marie Nimier	*La plage*
6334.	Pajtim Statovci	*Mon chat Yugoslavia*
6335.	Antonio Tabucchi	*Nocturne indien*
6336.	Antonio Tabucchi	*Pour Isabel*
6337.	Iouri Tynianov	*La mort du Vazir-Moukhtar*
6338.	Raphaël Confiant	*Madame St-Clair. Reine de Harlem*
6339.	Fabrice Loi	*Pirates*
6340.	Anthony Trollope	*Les Tours de Barchester*
6341.	Christian Bobin	*L'homme-joie*
6342.	Emmanuel Carrère	*Il est avantageux d'avoir où aller*
6343.	Laurence Cossé	*La Grande Arche*
6344.	Jean-Paul Didierlaurent	*Le reste de leur vie*
6345.	Timothée de Fombelle	*Vango, II. Un prince sans royaume*
6346.	Karl Ove Knausgaard	*Jeune homme, Mon combat III*
6347.	Martin Winckler	*Abraham et fils*

Composition Igs
Impression Novoprint
à Barcelone, le 02 février 2018
Dépôt légal : février 2018
ISBN 978-2-07-277965-7./Imprimé en Espagne.

330992